신약 성서

The New Testament

다락원 WILEY
Publishers Since 1807

세계의 교양을 읽는다

고전을 왜 읽는가?

인간의 삶과 세상에 대한 영원한 물음이 있기 때문이다. 시대와 사상을 뛰어넘어 지금 여기 우리에게 필요한 물음이 없는 고전은 더이상 고전이 아니다. 인간과 삶에 대한 근원적인 물음 없이 고전을 읽는다면 자신과 인간에 대한 성찰과 지혜로 이어지지 않는다. 논술 시험 때문에, 과제물 때문에, 아니면 남들이 읽으니까, 나도 읽는다는 식이라면 그 책은 죽은 책일 수밖에 없다.

고전을 살아 있는 책으로 만드는 이 '물음!'에 답하기 위해서는 좋은 길잡이가 필요하다. 40년 이상 미국의 고교생과 대학 주니어들이 시험, 에세이 작성, 심층토론 준비를 위해 바이블처럼 애용해온 'CliffsNotes'와 'SPARKNOTES'는 바로 그런 좋은 길잡이의 표본이다. 이 두 시리즈가 원조 논술연구모임인 '일이관지(一以貫之)' 팀의 촌철살인적 해설을 곁들여 〈다락원 논술노트〉로 재탄생해 논술로 고민중인 대한민국 학생 여러분을 찾아간다.

CliffsNotes와 SPARKNOTES의 가장 큰 장점은 방대하고 난해한 고전을 Chapter별로 요약하고 분석해서 원전의 내용에 보다 쉽고 체계적으로 접근하는 신속·간편성이라고 할 수 있다. 여기에 '一以貫之'팀이 원전의 중요한 문제의식, 즉 근원적 '물음'은 무엇이며, 그 '물음'은 오늘날에도 여전히 유효한가, 라는 질문을 다시 던진다.

대입논술로 고민하고, 자칭 타칭의 고전이 넘쳐나는 오늘의 독서풍토에서 지적 정복이 긴박한 대한민국 학생들에게 감히 이 시리즈를 자신 있게 권한다.

一以貫之 논술연구모임 연구실장 이호곤

CliffsNotes와 SPARKNOTES는 방대한 원작을 보다 쉽게 이해할 수 있도록 돕는 안내서입니다. 원작 이해를 돕기 위해 작가와 작품에 대한 배경지식, 그리고 매 장마다 간단한 '줄거리'와 '풀어보기'가 실려 있습니다. '줄거리'를 통해서는 원작의 내용을 명쾌하게 파악함으로써 독서의 즐거움을 느낄 수 있을 것입니다. '풀어보기'에는 원작에 담긴 문학적 경향, 등장인물의 심리상태, 시대상, 주제 등을 설명해 놓았습니다. 비판적 글읽기의 바탕이 되는 요소들이죠. 비판적 글읽기는 소설과 비소설 작품을 막론하고 책을 읽을 때 꼭 필요한 자질입니다.

그 밖에도 작품을 좀더 심오하게 분석할 수 있도록 '마무리 노트', 'Review' 등을 마련해 놓아 독자 여러분의 글읽기를 돕고 있습니다.

* 〈　〉는 장편소설, 중편소설, 논픽션, 시집. "　"는 수필집, 단편소설

○ 일이관지(一以貫之) 논술 노트

권말에는 一以貫之 논술팀에서 작성한 논술 노트가 실려 있습니다. 원작을 우리의 삶과 연계시켜 비판적 사고와 논리적 글쓰기의 방향을 제시합니다.

○ 실전 연습문제

실전 연습문제를 통해서는 원작을 바탕으로 출제 가능성이 높은 논점을 함께 숙고해 봅니다.

신약노트

신약

신약은 지상에서의 삶을 산 나사렛 예수의 의미와 의의에 대해 여러 사람들이 자신들의 신념을 기술한 것을 모아놓은 것이다. 이 글을 쓴 사람들은 모두 예수의 육체적 죽음 이후 여러 해가 지난 다음에 나타난 사람들이다. 그들은 자신들에 관해 아무런 글도 남기지 않았기 때문에 다른 사람들의 기록을 통해 그들에 관한 정보를 엿볼 수밖에 없다. 서기 1세기 말엽을 전후해 예수에 관한 일대기가 여러 개 나왔는데, 그 중 네 개가 지금 신약의 일부분이 되었다. 이 일대기가 쓰여지기 이전부터 나중에 교회라고 불리는 기독교 사회가 형성되었으며, 그 구성원들에게 기독교인들의 삶의 방식을 지시하고 각 지역의 문제들을 처리하는 방법을 알려주는 서신들이 발송되었다. 이 서신들 중 일부는 엄격한 유대교 전통에 따라 성장해 나중에 기독교로 개종한 바울이라는 사람이 썼다. 그는 여생을 새로운 교회를 세우고 사람을 교육하는 일에 바쳤다. 바울이 죽은 후 그 운동의 지도자들은 계속 서신을 보냈는데, 이런 방식을 통해 조직을 굳건히 하고 추종자들로 하여금 어떤 사태에도 대비할 수 있으리라는 희망을 갖게 했다.

기독교인들의 수가 늘어나고 영향력이 세계 여러 곳으로 확대되면서 그 운동에 대한 반대도 이곳저곳에서 일어나기 시작했다. 유대교인들은 많은 동족들이 유대교를 버리고 기독교로 개종한다는 사실에 크게 반발했지만, 정작 가장 가혹한 반대는 로마 정부로부터 왔다.

교회 지도자들은 기독교인들에 대한 처형이 심각한 지경에 이르자 신도들에게 메시지를 보냈다. 보통 서신이나 공개연설 형태의 메시지들은 고통받는 사람들에게 용기를 주었고, 심문받을 때 어떻게 대응해야 하는지를 조언했다. 그 메시지 중 몇 개는 오늘날 신약에 포함되어 있다.

오늘날의 신약 27장은 훨씬 더 많은 목록의 글들 중에서 선별한 것들인데, 4세기 전까지는 기독교 교회들 사이에서도 정확하게 몇 개와 무엇을 포함시킬 것인가에 대한 합의가 이루어지지 않았다. 그 이전에도 복음서와 바울의 서신들은 널리 받아들여졌지만 다른 저작물들을 취사선택하는 것은 심각한 논쟁거리였다.

보통 복음서라고 불리는 예수의 일대기는 예수의 행적과 가르침을 가장 방대하게 담아내고 있다. 그러나 이 일대기와 관련해서도 신약의 독자들은 어려운 문제와 맞닥뜨리게 된다. 이 기록들을 어떻게 평가할 것인가? 실제로 있었던 일을 어느 정도까지 드러냈으며, 저자들이 일어났다고 믿는 것을 기술하기만 한 것은 어느 정도까지인가? 이것들이 모두 영감으로 쓰여진 것들이며 모든 점에서 오류가 없다고 확신하면서 이 질문에 답하는 것은 적절치 않다. 신적인 영감은 항상 주는 자와 받는 자 두 측면의 과정이다. 수여하는 쪽은 신의 역할이라고 간주될 수 있을 것이나, 나타난 것을 받거나 이해하는 측은 그것이 무엇이건 간에 인간의 몫이며 인간은 결코 완전하지 못하다는 것이다. 신약의 의미와 메시지에 조금이라도 공감하는 사람들이라면 그것을 신적인 영감의 책으로 받아들이는 데에 망설임이 없을 것이다. 그러나 지적으로 정직한 사람들이라면 계시를 받아들이거나 해석하는 과정에서 사람이라는 요소가 포함될 수 있음을 깨닫게 된다. 그렇다면 인간적인 요소들을 먼저 이해해야 할 것이다. 왜냐하면 사람은 신적인 요소가 교감되는 매개체이기 때문이다.

복음서에 나타난 인간적인 요소들은 필연적으로 이것이 기록된 환경에 의해서 제어된다. 그 이유는 복음서의 원본들은 예수의 죽음 이후에 쓰여진 것이며 기록될 당시의 보편적인 상황의 관점에서 조명될 수밖에 없기 때문이다. 이와 관련해서 기독교 사회는 상당히 오랫동안 존속하고 있었으며, 또 십자가에서 죽은 사람 예수가 오랫동안 기다리던 구세주라는 믿음의 터 위에서 기독교 사회가 존재하기 시작했다는 사실을 기억해야 한다. 기독교 사회는 예수의 생애가 신이 허락한 내용과 일치하며, 예수의 죽음은 그의 잘못 때문이 아니라는 믿음을 가지고 있다. 그는 정의로운 목적을 위해 죽었고, 그렇게 함으로써 악의 세력에 승리를 거두었다. 왜냐하면 그는 자신을 구하기 위해 어떤 유혹에도 굴복하지 않았기 때문이다. 기독교인들의 판단에 의하면, 그는 구약의 선지자들이 말한 메시아였던 것이다.

사도 바울의 서신은 신약 내용의 거의 3분의 1을 차지한다. 이는 오늘날 우리가 가지고 있는 복음서들이 존재하기 이전에 쓰여진 것들이다. 바울은 예수를 직접 만나지는 못했지만 그의 생애에 관해 어느 정도 알고 있었음이 분명하다. 바울은 예수의 가르침에 대해서는 별로 전해 주는 것이 없는 반면, 기독교 사회에 심대한 영향을 끼친 예수의 생애와 죽음, 부활에 대한 자신의 해설을 전해 주고 있다.

초기 기독교인들은 아주 가까운 미래에 예수가 재림해서 메시아 왕국을 건설할 것으로 믿었기에, 예수의 행적에 관한 기술은 별로 필요하지 않을 것으로 생각했다. 그 당시까지만 해도 예수의 사도와 친구들의 기억이 충분했으므로 예수의 행적과 가르침을 담아낼 수 있었을 것이다. 예수와 교류했던 많은 사람들이 죽기 이전까지는 기록을 문서로 보관해야 한다는 필요성을 깨닫지 못했다. 그리고 신약이 쓰여지고 나서도 어느 정도의 시간이 지난 다음에야 원고들이 지금의 형태로 정리되어 교회의 예배의식에서 구약과 함께 사용되었다.

역사적 배경

12   초기 기독교는 유대교와 이방인들로부터 신도를 끌어왔다. 처음 기독교인들이 유대인들이었으며, 그들의 첫 번째 선교활동도 유대인들을 구성원으로 끌어들이는 것에 목표를 두었다. 그러나 그리 머지않아 그들의 활동은 이방인들을 포함하는 쪽으로 확대되었고, 많은 비유대인이 새로 형성된 기독교 공동체로부터 환영을 받았다. 이들 유대인과 이방인들이 공통으로 간직했던 요소는 나사렛 예수에 대한 충성심이었다. 이 두 집단의 사람들은 예수를 하늘의 사람으로 인식했으며, 그가 선포한 메시지가 세상에 널리 전파되어 구원을 기다리는 모든 이들에게 때가 오기를 기다렸다.

두 집단은 예수에 대해서는 충직했지만 그의 삶과 사명을 해석하는 관점에서는 당연히 차이를 보였다. 각 집단은 자신들이 오랫동안 친숙했던 종교적 개념으로 그의 가르침을 해석했다. 유대교 신앙으로 자라난 사람들에게 예수는 구약의 예언서에 기록된 하나님이 선택한 기름부음을 받은 자, 곧 메시아였다. 그의 인도와 지도에 따라 하나님의 왕국이 건설되어 하늘의 목적을 온전히 이룩할 역사적인 사람이었다. 유대교에 훈련된 사람들에게는 구원자로서의 예수가 큰 의미를 가지는 반면, 종교를 신비한 종교적 사상이나 개념과 관련지어 생각하는 데에 익숙한 비유대교나 이방인들에게는 별 의미가 없었다. 그들에게 예수는 신약 시대 당시 그리스 로마 신화에 나타나던 신비로운 신앙의 역사적 구속자에 비유되었다. 이 신앙을 믿는 사람들은 육체적인 죽음으로부터의 구원방법이 우선 관심사였으며, 시련과 고통이 없는 다른 세계로의 삶의 참여는 그 다음이었다. 영웅적인 구속자의 주된 기능은 이러한 구원을 가져다주는 것이었다. 그는 하늘의 존재로서 이 땅에 내려와 봉사와 자기희생의 삶을 산 다음에 죽음으로부터 부활할 것이다. 그와 신비로운 합일을 이룬 제자들은 죽음을 이기는 힘을 가졌을 것이다. 이방인으로서 기독교인이 된 많은 사람들은 예수를 영웅적인 구속자로서의 역할을 완성한 사람 중 하나로 생각하는 것이 아주 자연스러워 보였으며, 그러한 기조 하에서 예수를 받아들였다. 신약 여러 문건에 나타나는 서로 다른 개념의 예수는 그들이 작성된 서로 다른 배경과 관련지어야만 이해할 수 있다.

●유대교적인 배경

기독교는 나사렛 예수가 메시아라는 믿음에서 출발한다. 기원전 8세기경 구약의 선지자들은 언젠가 자기들 가운데에서 한 지도자가 나타나 정의의 왕국을 지상에 세울 것이라는 확신을 말했다. 그 후 수세기 동안 이 믿음은 다양한 방식으로 수정되었지만 결코 완전히 포기된 적은 없었다. 메시아사상의 발전은 서로 다른 세 가지 단계로 요약할 수 있다. 선지자적인 메시아, 계시적인 메시아, 혁명적인 메시아사상이 그것이었다. 세 가지 모두는 인류의 운명과 관련하여 역사의 궁극적인 목표, 다시 말해 신의 목적의 최종적 완성인 지상에서 하늘의 왕국을 건설하는 것이었다. 이 세 가지 메시아사상은 그 완성의 시기와 방법이 서로 달랐다.

선지자적인 메시아사상은 메시아 즉 기름부음을 받은 자가 오면서, 그와 함께 지상에서 하늘의 왕국이 도래할 것이라고 가르쳤다. 그는 실제의 왕이 되어 이스라엘을 통치하게 될 것이며, 사회악을 일소해 모든 사람들이 평화롭고 행복해질 것이다.

사울이 이스라엘의 첫 번째 왕으로 선출되었을 때 그는 수많은 사람들 앞에서 선지자 사무엘로부터 기름부음을 받았다. 이 중요한 행사는 기름부음을 받은 자가 메시아가 되어 그의 지도 하에 하늘의 뜻이 이루어지기를 바라는 희망을 상징하고 있다. 사울의 통치는 실망스러웠고 사태가 더 악화되자 다윗이 사울을 대신해 왕위에 올랐다. 여러 가지 면에서 다윗의 통치는 훨씬 더 성공적이었다. 후세 사람들은 그 시기를 이스라엘 역사상 황금기로 회상한다.

선지자들의 가르침 속에서 메시아의 도래에 대한 희망은 더욱 강조되었다. 이스라엘의 수많은 왕들이 실망스러운 행적을 보이자 선지자들은 다른 왕들이 하지 못했던 백성을 위한 정치를 펼쳐나갈 미래의 왕에 관해 이야기했다. 그들은 말했다. 그 왕은 다윗을 닮을 것이다. 이후에 그 왕은 다윗 가문에서 나오게 될 것이라고 언급되었는데, 이는 선지자 이사야가 쓴 글에 나타난 예언이었다.

　수세기 동안 유대의 역사는 선지자들의 희망을 충족시키지 못했다. 대신, 이 나라에 재난이 끊이지 않고 닥쳐왔다. 솔로몬 왕의 사후 이스라엘 왕국은 남과 북으로 갈라졌으며, 각기 일련의 비극을 겪는다. 기원전 722년 북왕조는 앗수르에 정복되었다. 150년 후 남왕조 역시 바벨론에 의해 비슷한 운명에 처해졌다. 마침내 히브리 왕국이 잠시 회복되기는 했으나 상황은 이상과는 거리가 멀었다. 내부 갈등이 그치지 않았고, 국가는 외부의 적으로부터 지속적인 위협에 시달렸다. 이러한 처지에서 선지자적인 메시아관은 빛을 잃기 시작하고, 계시적인 메시아사상이 나타나기 시작했다.

　계시적인 메시아사상의 가장 큰 특징은 하나님의 나라는 위대한 또는 선한 왕의 지도력 하에 점진적인 사회개혁을 통해서가 아닌, 갑작스러운 초자연적인 힘에 의해 도래하게 될 것이라는 확신이었다. 때가 이르면 하나님의 역사가 시작되어 모든 악을 징벌할 것이며 정의로운 사람들이 영원토록 살아갈 왕국을 이룩할 것이다. 하나님의 날 또는 구약에서 야훼의 날이라고 언급된 이 사건은 세상의 종말인 거대한 파국이며 새로운 시대의 시작으로 기술되어 있다. 계시록 문건마다 차이가 있지만 이 문건들에 담긴 사상은 메시아는 신적인 존재이고, 땅으로 내려와 새로운 시대를 열어갈 것이라는 내용을 담고 있다. 그의 나타남은 사악한 사람에 대한 파멸이며 정의로운 사람에 대한 해방이다. 죽은 사람들이 모두 부활하고, 이 땅에 살았던 모든 사람들에 대한 심판이 있을 것이다. 사악한 자들이 완전히 사라지고 나면 오직 정의만이 넘치는 새로운 하늘과 땅이 존재하게 될 것이다.

계시론적인 메시아사상은 시련기마다 특히 의미가 있었다. 유대인들에게는 대부분의 기간이 그러했다. 구약 다니엘서에서 처음으로 마카비 전쟁 발발 이전 시기 안티오쿠스 에피파네스(안티오쿠스 4세) 치하의 시리아로부터 박해받는 사람들의 이야기가 나온다. 신약에서는 로마 정부가 기독교인들을 박해했으며, 이전 시기에는 다니엘서가 유대인을 위해 기록한 내용을, 계시록에서 당시의 기독교인을 위해 기록했다. 그 내용은 신앙을 위해 박해받는 사람들에게 비록 당시에는 악의 세력이 욱일승천하고 있지만 하나님이 개입하시어 정의의 왕국을 세워 악의 군림은 종말을 고하게 될 것이며, 모든 시련과 고통 속에서도 신앙을 지킨 자들은 영원한 평화를 누릴 날이 멀지 않았음을 확신시켜주는 것들이었다.

하나님이 그들을 위해 개입할 때까지 고난과 박해를 참아야 한다는 개념에 대해 모든 유대인들이 만족한 것은 아니었다. 급진적 메시아주의자들은 그들이 할 수 있는 일을 모두 한 다음에 하나님이 도우러 올 것이라고 주장했다. 따라서 자

신들이 무기를 들어 자유와 독립을 위해 적과 싸운다면 하나
님의 날이 앞당겨질 수도 있을 것으로 믿었다. 다시 말하면,
하나님은 자신의 사람을 도구로 사용하시어 이 사람들을 통해
불의의 백성들에게 징벌을 내리실 것이다. 이 과업을 하나님
이 도우실 것이라는 믿음은 마카비 전쟁 기간 동안의 경험을
통해 사람들 사이에 확산되었다. 마타디아스와 반기를 든 그
의 작은 무리의 전사들은 시리아에 대항해 무기를 들고는 괄
목할 만한 전과를 연이어 이룩했다. 시리아군에 비하면 크게
적은 병력이었음에도 불구하고 그들은 예루살렘 도시의 소유
권을 되찾아 성전에서 예배를 재개하는 등 빼앗겼던 영토를
되찾을 수 있을 정도로 승리를 거두었다. 이 일련의 승리는 하
나님이 그들을 싸움에서 보호하여 적으로부터 승리를 거둘 수
있었다는 의미로 해석되었다. 과거 하나님이 그들을 위해서
한 일들은 그들이 유사한 과정을 밟기만 한다면 다시 하시게
될 것이다.

로마가 유대 영토를 정복하고 유대인들을 그들의 통치
하에 두었을 때 혁명적인 메시아주의자들은 유대인들에게 로
마 정부에 대한 반란을 촉구했다. 나사렛 예수의 탄생이 그리
멀지 않았을 때 갈릴리 지방의 유대인 한 사람이 스스로 혁명
적인 메시아 역할을 자임하면서 반란군을 조직하자 로마는 너
무도 잔혹하게 진압했다. 로마인들은 유대의 메시아가 나타났
다는 소문이 돌 때마다 반란에 대한 두려움 때문에 의심을 품

었다.

유대교의 또 다른 중요한 특징은 율법의 개념에서 찾아볼 수 있다. 유대인들은 율법을 하나님이 내린 것이라고 믿었다. 율법은 모세에게 계시되어 그를 통해 전 이스라엘에 전파되었다. 율법은 하나님이 지은 것이기에 율법에 나타난 계율은 항구적인 구속력을 갖는다. 하나님 자신처럼 불변인 율법에는 십계명뿐만 아니라 율법서에 나오는 모든 법령과 규정, 그리고 오늘날 구약을 구성하는 첫 다섯 권의 책 모세5경도 포함된다.

율법은 정의의 기준이 되며, 하나님이 명한 법률에 복종하는 것이 선의 기준이 된다. 사실이 이러할진대, 율법이 요구하는 것이 정확히 무엇이며, 특정한 경우에 그것을 어떻게 적용하느냐 하는 것은 아주 중요한 일이었다. 이런 일은 항상 쉽게 결정할 수 있는 게 아니었다. 서로 다른 법률들이 충돌을 일으키는 사례가 나타났다.

율법학자들의 주요 업무 중 하나는 이런 일을 판단하는 것이었다. 그들의 일은 특정 법률을 적용할 수 있는 조건을 정교하게 설명하는 것이었다. 그들은 자주 어떤 법률에서 어떤 때 예외가 되는지를 말해야 했다. 더하여 율법학자들은 예외의 예외를 만들지 않으면 안 되었다. 이는 아주 복잡하고도 혼란스러운 과정이지만 중요한 일이었다. 왜냐하면 만약 사람을 율법에의 복종 여부만 가지고 판단하려면 거기에는 어떤 일련의 상황에서 법률이 요구하는 것이 무엇인지를 유권적으로 알수 있는 방법이 있어야만 하기 때문이다. 신약의 복음서에서 예수에 대한 유대인들의 주요 송사는 율법 위반이었음을 상기해 보라.

유대교는 흔히 단일한 종교적 신념과 의식을 가진 것으로 언급되지만 모든 유대인들 사이에서 교리나 생활방식에 관해 완전한 합의가 이루어진 것은 없다. 유대교 자체 내에서도 여러 분파로 나누어진다. 규모와 영향력이 가장 큰 분파는 바리새인들로 알려졌는데, 이들은 특히 율법에 관해 가장 진지한 종교적 태도를 견지했다.

바리새인들은 유대인만이 하나님의 선택을 받은 민족이라고 믿었다. 왜냐하면 하나님은 그들에게 선의 기준을 계시했으며, 그들만이 여기에 부합되는 삶을 살았다고 믿었기 때문이다. 율법에 대한 그들의 열정은 이 집단에 속하지 않는 부류가 볼 때에는 배타적이고 독선적이었다. 그들은 세상의 악습에 오염되지 않기 위해 외국인들, 그리고 외국 관습들과의 접촉을 가능한 한 멀리했다. 그리고 그리스, 로마 문화에서 파생된 영향력에 대해 특히 적대적이었다.

그들은 사후의 세계에서 자신들이 행한 행동에 대해 정의로운 사람은 보상을 받을 것이며, 죄 지은 자는 벌을 받을 것이라고 믿었다. 신약의 많은 부분에서 바리새인들이 맹비난을 받고 있지만 그러한 기술은 바리새인이 아닌 자들에 의해 쓰여졌음을 잊어서는 안 된다. 그러한 내용들은 일부 바리새인들에게는 의심의 여지없이 정확하게 일치하지만 그들이 모두 그랬다고 믿는 것은 잘못이다. 다수는 아주 좋은 품성을 지닌 사람들로 어떤 의미에서는 유대교를 가장 잘 대표하는 사람들이었다.

사두개파는 당시 바리새인보다 숫자는 적었지만 전반적으로 사람들의 삶에 영향을 미치는 정책결정에서는 영향력이 아주 컸다. 어떤 점에서 그들은 구약의 오경에 기록된 율법을 가장 엄격하고도 문자 그대로 해석하는 보수적인 집단이었다. 그들은 오랜 기간에 걸쳐 형성된 유명한 랍비들의 언급과 해석이 담긴 소위 구전율법을 거부했다. 그들은 구약의 뒷부분, 예를 들면 다니엘서에서 설명하는 죽은 자의 부활 등 여러 사상들을 진지하게 받아들이지 않았다.

대신, 그리스 문화나 로마 법률에 대해서는 바리새인들보다 훨씬 더 개방적이었다. 그들은, 중요한 진리들이 유대인들에게 계시된 것은 맞지만 다른 민족들도 역시 중요한 기여를 했다고 믿었다. 그들은 다른 사람들과의 교류가 자신들의 삶을 윤택하게 하는 기회라고 보았으며, 다양한 문화들의 내부적인 혼합을 옹호했다. 성직이 사두개인들에 의해 통제되고 있었고 임명은 관리의 동의를 받아야 했으므로 이 분파는 정치적인 권력을 행사할 수 있었던 것이다. 그러나 때로 이 권력은 전체 이익보다는 자체 이익을 위해 더 많이 사용되었다.

세 번째 종파는 그 유명한 사해사본*을 만든 에세네파
이다. 이 사본들은 신약의 저작물들 이전 시기의 역사에 대해
많은 것을 알려주었다. 에세네는 예루살렘 안팎에서 일어나
고 있는 일들에 대해 몹시 못마땅해 했던 일단의 유대인들이
었다. 그들에게 성직자나 선지자들이 주창하던 종교는 삶에서
더 이상 의미를 갖지 못했다. 그들은 주위에서 사악함을 많이
보았으며, 그러한 악으로부터 안식처가 될 격리된 땅에서 살
고자 하는 마음이 간절했다. 그 점에서 이들의 태도는 좀더 거
룩한 삶을 살기 위해 세상을 등진 중세의 승려들과도 흡사했
다. 우선, 에세네파는 훗날의 승려들처럼 금욕생활을 옹호했
으며, 그들 사회에 새로운 개종자를 끌어들임으로써 자신들의
숫자를 유지하고 싶어 했다. 훗날 결혼은 허용되었지만 이들
은 매우 엄격한 일련의 규칙에 맞춰야 했다. 그것은 서로가 물
질을 공유하면서 종말의 날을 위해 영적인 준비를 하고, 가까
운 미래에 있을 것으로 예상되는 메시아 왕국의 설립을 준비
하는 공동체 사회였다. 그들은 시간의 대부분을 공부와 구약
서의 필사에 쏟았다. 이러한 필사본 외에도 에세네인들은 스
스로 엄청난 분량의 문건을 만들었는데, 일부는 그들이 지킨
생활방식과 의식, 행사에 대해 기술하고 있다.

---

* **사해사본**: 사해 연안의 동굴 등지에서 발견된, 기원전 3세기에서 기원전 1세기에 기록된 히브
리어로 된 구약 성서. 성서 연구에 획기적인 발전을 주었다.

바리새, 사두개, 에세네 외에도 규모가 작고 영향력이
덜한 집단들이 있었다. 그들 중 하나는 압제로부터 자유를 얻
기 위해 폭력적인 수단을 사용해야 한다고 믿는 셀롯이라는
열심당이었다. 이들은 반란을 일으킬 가능성이 농후해서 로마
인들이 두려워했다. 신약에서 보면 예수의 열두 제자들 중 한
명인 시몬이 열심당원이었다.

● **비유대교적인 배경**

초기 기독교가 유대인들과 이방인들에게 전파되었으므
로 신약에는 이스라엘 사람들과 마찬가지로 이방인들의 배경
에 대해서도 어느 정도 담고 있다. 기독교의 이방적 형태에 크
게 영향을 끼친 세 가지는 비밀 신앙집단과 황제숭배, 그리고
그리스 철학이었다.

비밀 신앙집단은 구성원이 제한된 신비조직이었다. 이
들은 가입신청서를 제출하고 견습기간을 거쳐야 했으며 이 기
간 동안의 행동은 자격을 갖춘 사관들에 의해 정밀하게 관찰
되었다. 필요한 의식을 행하고 특정 시험을 통과하지 못하면
구성원자격이 주어지지 않았다. 신약시대의 그리스, 로마 세
계에는 많은 비밀 신앙집단이 있었다. 엘리우시스 비밀집단,
오르페우스 비밀집단, 아티스-아도니스 비밀집단, 아이시스-
오시리스 비밀집단 등이다.

신비집단 내부에서 이루어지는 구체적인 제례의식은

비밀로 유지되었을 것으로 보인다. 그러나 신비종교의 일반적인 특성들은 비교적 잘 알려져 있다. 그들 모두는 구원을 얻는 방법에 우선적인 관심을 가지고 있었다. 현세에서의 삶은 지나치게 악으로 물들어 있어 어떤 영원한 선도 얻을 수 없다. 결국 구원이란 이 세상을 떠나 죽음 이후에 오는 생에서 새로운 형태의 존재로 들어가는 것을 의미한다.

신비주의 종교는 각기 관련된 신의 활동을 어느 정도 자세히 기술한 고유의 신화를 가지고 있다. 많은 신화들은 한 해의 가을이 되면 식물들이 죽고 봄이면 다시 소생하는 계절의 변화를 설명하기 위해 비롯되었다. 신화가 발달하면서 식물왕국에서 일어나고 있는 죽음과 부활이 사람의 생애에도 적절한 상징으로 간주되기 시작했다. 왜냐하면 식물이 신의 권능으로 죽음을 이겼듯이 사람도 초자연적인 힘의 도움으로 죽음에서 승리할 수 있을 것이기 때문이다.

죽음을 극복하게 해줄 수 있는 이 힘의 매개자는 영웅적인 구원자로 알려졌다. 신비주의 종교의 영웅적 구원자는 이 땅에 정의의 왕국을 이룩하는 것이 목적이었던 기독교의 메시아사상과는 달리, 자기 자신뿐 아니라 그를 따르는 모든 이들을 죽음으로부터 구할 수 있는 구원자였다. 그는 하늘의 존재로서 인간의 모습으로 땅에 내려와 초자연적인 권능으로 인간에게 자비로운 행동과 은혜를 베풀 존재였다. 그가 행하는 과업은 악의 세력들의 반대에 부딪히게 될 것이며, 이 땅에서의 그의 삶은 희생적인 죽음으로 종말을 고하게 될 것이다. 그는 신적인 존재로서의 권능으로 죽음을 딛고 살아나 자신이 왔던 하늘나라로 승천하게 된다.

영웅적인 구속자의 체험을 통해 확산된 권능은 준비된 신앙집단 구성원들이 나누게 될 것이다. 이 체험을 준비하기 위해서 구성원이 되려는 사람에게는 초기 의식 같은 것이 요구되었다. 보통은 정화과정을 의미하는 물이나 피로 악에 물든 인간을 씻는 세례 같은 의식이었다. 지원자가 구성원이 된 다음에는 믿는 자와 구속자를 신비롭게 연결시켜주는 더 많은 의식이 준비되어 있었다. 그 의식 중 하나는 초심자들은 무대에서 펼쳐지는 구속자의 삶과 죽음, 그리고 부활을 그린 감동적인 공연을 보게 된다. 그들은 이 공연을 보면서 영웅과 일종의 혈연관계 같은 느낌을 받는다. 그들도 그와 영혼으로 하나가 되어 죽음은 물론, 악을 물리칠 권능을 갖게 되는 것이다.

다른 종류의 의식에서는 구속자와의 합일이 평범한 식사에 참석하는 것으로 마무리되기도 한다. 신비집단의 구성원들은 식탁에 모여 구속자의 육신과 피의 상징을 함께 나누면서 그것을 통해 구속자의 생명의 선물이 그들에게 전달되는 것으로 믿는다. 신비집단의 구성원이 되어 많은 의식과 행사에 참여한다는 것은 이 땅에서의 삶의 질을 바꿔주고 죽음 이후에 얻을 구원을 준비하는 데 필수적인 수단으로 간주되었다.

황제숭배는 이방인 세계의 종교에서 중요한 의미를 가

지는 또 다른 요소였다. 황제의 주된 의미는 오랜 세월을 통해 추종자들 마음속에서 신성의 지위로 승격된 인간이다. 다시 말하자면 인간은 신이 된다. 이러한 사고방식은 유대인들의 것과 상반된다. 유대교에서는 인간과 신적인 존재는 항상 분명한 구분을 가지고 있었다. 유대교의 신인 야훼는 창조주로 간주되었으며, 어떤 의미에서는 인류의 아버지이기도 하다. 그러나 그는 육체적이나 생물학적 의미에서의 아버지가 아니었다. 인간은 신과 인간 사이에서 태어난 것이 아니라 한 쌍의 인간 부모에게서 태어났다.

그러나 비유대권 세계에서는 신과 인간을 부모로 하는 인간의 개념이 보편적이었다. 물론 예외적인 개인의 생애만이 그런 식으로 설명될 수 있었다. 가장 흔한 사례는 한 나라의 군주에게서 나타난다. 한 나라 지배자의 탁월한 업적을 설명하는 방법은 그의 조상을 초자연적인 존재로 믿는 것이었다. 평범하게 태어난 사람이 그처럼 큰일을 할 수 없으리라는 것이 그 근거이다. 신적인 존재를 부모로 가졌다는 것은 그가 신의 혈족에 속하며, 그러므로 보통 사람과는 비교될 수 없다는 것을 의미한다.

소위, 지도자의 신격화는 생전에는 이루어지지 않는다. 사후 세대에서 그의 치적과 인격을 우상화하면서 그가 단순히 죽어야 하는 인간이 아니었다는 믿음을 불러일으키는 것이었다. 예를 들면 알렉산더 대왕으로 알려진 그리스 통치자의 경

우가 그러했다. 로마 황제 중 가장 존경받는 사람은 아우구스
투스 시저였다. 그는 사후에 원로원으로부터 신이었던 것으로
선포되었다. 그에 대한 섬김은 제국 전역에서 강조되었으며,
제국 후대인들의 마음속에 신격화되었을 뿐 아니라 그의 초자
연적인 특성을 담은 전설은 진화되어 널리 퍼졌다. 그의 탄생
에는 아마도 하늘의 신호가 있었을 것이다. 탄생 시점에는 하
늘에서 이상한 현상이 목격되었을 것이고, 이 땅에서 그가 활
약할 때에는 신비로운 힘이 나타났을 것이며, 죽음에 대항해
승리를 거두었을 것이다. 아우구스투스 시저의 부활과 승천을
본 목격자가 있다고 주장하는 로마 역사가의 증언도 있다.

세상의 지배자가 피지배자들로부터 신격화되는 것은
그리스와 로마에 한정되지 않는다. 수세기 동안 이집트, 바벨
론, 그리고 다른 고대 국가들 사이에서도 그것은 통상적인 관
행이었다. 추종자들에 의해 신격화된 것은 왕들뿐만이 아니었
다. 그리스 철학자들도 신이 강림한 것이라고 전해진다. 그렇
지 않고서야 그들의 놀라운 지식을 달리 설명할 수 없기 때문
이었다. 신약시대 이방인들에게는 비범한 일을 이룩한 사람의
활동을 이런 식으로 설명하는 것이 흔했다.

서기 1세기 말에 영웅숭배 사상은 로마 정부와 기독교
사회 사이에 심각한 갈등을 낳았다. 어떤 로마의 왕들은 세력
강화와 복종자들의 결속을 위해 왕들의 신격화를 사후에서 생
전으로 바꿨다. 따라서 자신들의 신성화를 선언함은 물론이고,

자신들을 기리는 상을 전국에 세워 특정 시간과 장소에서 예배가 이루어지도록 명령했다. 자연히 기독교인들은 위험한 입장에 놓이게 되었다. 왕의 명령에 복종하기를 거부한다면 공화국의 적으로 낙인찍힐 것이고, 복종한다는 것은 그들이 인정하는 유일신에 대한 불충이 되기 때문이었다. 신약의 상당 부분은 이러한 곤경에 빠져 조언과 용기를 줄 사람을 필요로 하던 기독교인들에게 보내는 서신으로 이루어져 있다.

그리스 철학의 영향력은 그리스, 로마 세계에 광범위하게 퍼져 있었다. 식자계층은 그리스어를 사용했으며, 로마 제국 대도시에는 그리스 철학을 가르치는 학교가 생겨났고, 히브리판 구약이 70인의 학자들에 의해 그리스어로 번역되어 〈70인역 성서〉가 나오게 되었다. 그리스 사상의 영향은 신약 성서 여러 곳, 특히 유대인의 환경이 아닌 이방인의 환경에서 자란 사람들에게 기독교를 설명하려고 시도하는 부분에서 찾아볼 수 있다. 그러한 시도는 바울의 서신과 요한복음에서 상당부분 나타난다. 이 두 가지는 이방인과 유대인으로 구성된 사회에 전달되었다. 그러므로 두 저자는 당연히 편지를 받는 사람들에게 친숙하고도 잘 이해할 수 있는 언어를 사용해야 했다. 그리스적인 영향은 바울이나 요한에서처럼 뚜렷하지는 않지만 신약의 다른 부분에서도 나타난다.

예수의 생애

예수의 생애에서 실제로 일어났던 일과 관련된 정보는 거의 전부가 신약 복음서를 통해 얻은 것이다. 복음서가 쓰여지기 이전에도 기독교 사회는 이미 존재했다. 이곳의 구성원들은 여러 형태로 예수에 대한 믿음을 체계화시켰으며 그의 삶과 죽음, 그리고 부활에 대해 의미를 두고 있었다. 복음서가 쓰여질 때 여기에 담긴 내용들은 자연스럽게 당시 기독교인들이 일반적으로 수용하고 있던 믿음들을 상당 수준 반영했을 것이다. 한편, 기록된 전기에는 기독교인들의 특정한 믿음뿐만 아니라 후대들을 위한 해석과 의미도 담지 않을 수 없었을 것이다. 역사를 기술할 때 항상 그러했기 때문에 이러한 관행은 조금도 이상할 것이 없다. 역사가들은 출처가 되는 자료들을 사용하여 가능한 한 정확하게 일어난 일들을 기록한다. 그렇게 선별된 사실들이 기록된다 해도 이 자료들에 대한 해석이 역사가 기술되는 방향을 제어하게 된다. 이 점은 역사적인 기록물 이상으로 신약에도 해당되는 사실이다.

복음서의 저자들은 틀림없이 영감을 받았을 터이므로 예수에 대한 그들의 믿음으로부터 영향을 받지 않을 수 없었을 것이다. 그들로서는 당연히 일어났을 것으로 믿고 있던 일을 기술할 때에 이야기에서 나타나는 간격을 메울 필요가 있었을 것이며, 또한 예수의 육체적인 죽음 이후에 그들이 습득

한 지식 중에서 타당하다고 생각되는 이야기들을 다양한 관점에서 삽입하는 것이 당연했을 터이다. 오늘날 존재하는 형태로서의 그 기록이 어느 정도 저자의 해석에 의한 것이냐를 판단한다는 것은 항상 쉬운 일이 아닐 뿐더러 완벽하게 이루어질 수도 없다. 사건의 주요한 줄거리에 관한 한, 전기 작가의 역사적인 정확성을 의심할 근거는 없다. 그러나 다른 역사적인 저작물들과 마찬가지로 다른 저자들이 작업할 수 있도록 어느 정도 오차의 한계는 설정되지 않으면 안 된다.

대부분의 신약 성경학자들이 가장 오랜 예수의 전기로 보는 마가복음의 경우, 예수의 출생 시기와 장소에 대해 아무런 이야기도 하지 않고 있으며, 요단강에서 요한으로부터 세례를 받기 이전의 생애에 대해서도 기록을 남기지 않았다. 아마도 예수의 유년시절 이야기는 정보가 없었거나 중요하지 않다고 생각했는지 모른다. 다른 복음서에는 그가 유대 땅 베들레헴에서 태어났으며 갈릴리 지방 나사렛에서 자랐다고 기록되어 있다.

그의 공적인 역할은 세례를 받고 난 이후부터 시작되었다. 이는 그의 생애에서 분명한 전환점이었다. 세례요한은 하나님이 이 땅에 왕국을 세울 위대한 날을 맞이하기 위해 활발하게 운동을 벌이고 있었다. 요한은 사람들에게 죄를 회개하고 그 증거로 세례를 받으라고 소리쳤다. 이에 예수가 그의 부름에 응하여 세례를 받았다는 것은 그가 요한이 하던 일에 전

적으로 부응했음을 보여준다. 그 직후 예수는 이 땅에 이루어
질 하늘의 왕국을 외쳤으며, 제자들을 모아 이에 대한 준비를
하게 했다. 세례요한이 하던 일은 그가 투옥되고, 이후 헤롯
안티파스에 의해 참수되면서 막을 내린다. 예수도 임무를 수
행하기 전 이스라엘의 다른 예언자들처럼 황야로 가서 금식과
명상의 기간을 가졌다. 그 기간이 끝날 무렵에 하나님의 적이
자 악의 화신인 사탄의 유혹을 받은 것으로 전해지고 있다. 사
탄의 유혹 이야기는 세부적으로는 다소 차이가 있지만 실제
이야기를 전한 것임은 의심의 여지가 없으며, 그 체험의 의미
도 모두 동일하다. 예수는 전형적으로 모든 인간들에게 다가
오는 것과 같은 유혹을 받았다고 전해진다. 예수가 하나님의
도움으로 이러한 유혹을 이길 수 있었다는 것은 모든 인간들
도 예수처럼 하나님의 도움을 얻으면 악을 이길 수 있다는 확
신을 주게 되었다.

마가복음에 의하면 예수는 갈릴리 마을에서 하늘나라
가 가까웠다고 외치는 것으로 공적인 역할을 시작했다. 그는
유대교 회당에서, 집에서, 호숫가에서 이야기했으며, 어디서든
그를 보고 들으러 사람들이 모였다. 그의 사역의 두 가지 요소
는 가르치고 치유하는 것이었는데, 이 둘은 너무 밀접하게 관
련되어 분리해서 이해할 수 없었다. 두 가지는 모두 다가올 하
나님의 왕국을 준비하기 위해 악의 세력을 물리치는 것과 관
련되어 있었다. 가르침의 목적은 사람들로 하여금 회개의 필

요성을 깨닫게 하고, 하나님의 왕국을 맞을 준비를 위해 그들이 살아가야 하는 방법을 분명하게 알려주는 것이었다. 사탄이 인간을 타락시키는 주요 수단 중의 하나는 교만의 죄라고 불리는 것으로 사람들 스스로 완전한 만족감을 느끼게 하여 더 이상 개심의 여지가 없도록 하는 것이다. 예수는 사탄의 이러한 시도를 좌절시키고 싶어 했으며, 설교는 이 목적을 완수하기 위한 하나의 수단이었다.

예수의 치유사역은 동일한 목적을 위해 사용된 다른 수단이었다. 일반적으로 유대인들은 육체적인 고통을 죄의 대가로 생각했다. 이 점은 맹인으로 태어난 사람을 치료하는 이야기에서 잘 나타나 있다. 예수 가까이 섰던 사람의 첫 번째 질문이, "이 사람이 눈먼 것은 누구의 죄입니까? 이 사람입니까, 아니면 그의 부모입니까?" 만약 고통이 죄에 대한 벌이라면 죄의 용서 뒤에는 벌의 취소가 뒤따라야 한다. 예수의 병고침과 죄의 용서는 그처럼 밀접하게 연관되어 있기 때문에 이 둘은 동일한 사건의 다른 표현방법일 뿐이다. 잘못된 믿음을 고치는 것과 마찬가지로 병을 고치는 것도 사탄의 과업을 좌절시키고 다가올 하나님의 왕국을 준비하는 것이 된다.

마가복음의 기술에 의하면 갈릴리에서 있었던 예수의 초기 사역은 아주 성공적이었다. 그의 설교를 듣기 위해 많은 군중이 모여들었으며, 치료받고자 하는 많은 환자들이 그에게로 왔다. 예수는 청중들에게 왕국에서의 삶에 관해 가르치면서 자기 일을 도와주도록 일단의 제자들을 선발했다. 제자들은 각각 다른 길을 걸어왔던 사람들로 예수의 전도에 깊은 감명을 받아 서로 밀접한 결속을 유지하기를 원했다. 제자들은 자발적으로 예수의 사역을 돕고자 했으나, 그들이 예수의 사역내용을 잘 깨닫고 있지는 않았다. 그들 모두는 곧 왕국이 이루어질 것이라는 점은 명백히 믿었지만 그 방법에 대해서는 온전한 합의가 이루어지지 않았다. 그리고 왕국과 관련하여 예수의 정확한 역할에 대해서는 마음속에 일말의 의구심도 있었다. 유대인들은 오랫동안 왕국건설 이전에 메시아가 올 것이라고 믿었지만 제자들의 마음속에는 예수가 오랫동안 기다리던 그 사람인지 의심이 들었다. 마가복음에 보면 예수의 메시아로서의 사명은 예수와 그가 만난 마귀만 알고 있는 비밀이었다. 메시아로서의 그의 사명은 가이사랴 빌립보에서 제자들과 그 문제에 관해 논하기 직전까지는 제자들에게조차도 알려지지 않았으며, 예수는 제자들에게 비밀을 발설하지 말라고 경고했다.

우리는 예수의 공적 사역이 얼마 동안이었는지 분명한 정보가 없다. 마가복음에 나오는 사건을 근간으로 기간을 계산해 보면 그 모든 일들이 한 해 동안에 일어났을 수도 있다. 다른 복음서는 기간을 좀더 길게 보고 있다. 기간이야 얼마가 되었든 간에 사역의 유일한 목적은 사람들로 하여금 하나님의 나라 생활을 준비시키기 위함이었다. 예수가 행한 어떤 위업도 환심을 사기 위한 것은 하나도 없었다. 기적들은 하나님의 권능을 선포하는 것이었으며, 그것은 누구나 하나님의 권능을 이용할 준비를 갖춘 사람이면 가능한 일이었다. 그 기적을 단지 일종의 요술이거나 특별한 힘의 표출 정도로 본 사람도 있을 것이다. 그러나 그들은 예수가 한 일의 진정한 의미를 파악하지 못한 사람들이었다.

갈릴리 사역 때 예수는 고향 나사렛 사람들에게서 실망한 경험을 가지고 있었다. 나사렛 사람들의 믿음이 부족해 예수는 더 이상의 힘을 발휘할 수 없었지만, 자신이 세운 사명을 추진하고자 하는 열정은 식지 않았고 몇 배의 노력을 기울였다. 그는 먼 지역까지 제자들을 보내 자신이 하고 있는 것과 같은 임무를 수행하라고 지시했다. 제자들의 노력은 성공적이었던 것 같다. 왜냐하면 그들이 돌아와 보고했을 때 예수가 다음과 같이 말했기 때문이다. "사탄이 하늘에서 번개처럼 떨어지는 것을 보았노라." 이후 예수와 제자들은 그들의 사역을 두로, 시돈, 가이사랴 빌립보 등 갈릴리 북쪽 지역으로까지 넓혔다.

가버나움* 방문기간 동안 잠시 갈릴리로 돌아온 예수는 예루살렘으로 가기로 결정했다. 그의 비판을 많이 받은 부류의 사람들로부터 그의 일에 대한 반대가 점증하자, 이 같은 결정을 앞당긴 것으로 보인다. 그러나 좀더 중요한 것은 그의

---

* **가버나움**: 갈릴리 바닷가에 있던 마을.

사명 전체의 성공 여부가 거기에 걸려 있었기 때문이다. 왜냐하면 그가 표방한 명분을 예루살렘 본부에 있는 유대인들에게 정정당당하게 내거는 것이 중요했기 때문이다. 옛 이스라엘 선지자들이 정부관리의 정책에 도전했을 때 그들에게 어떤 일이 일어났는지를 잘 알고 있던 예수는 그러한 시도에 내포된 위험을 깨닫고 있었다. 그럼에도 불구하고 자신에게 돌아올 위험을 무릅쓰고 어떤 대가를 치를지라도 "그는 신속하게 예루살렘으로 향했다." 예루살렘에서 자신에게 일어날 수 있는 일에 관해 제자들에게 이야기했을 때, 약속된 메시아에게 그런 일이 일어날 수 있으리라고는 생각도 하지 못했던 그들은 충격을 받았다. 예수가 메시아의 진정한 사명이 무엇인지를 설명해 주었지만 그들은 이해하지 못했다.

예수가 예루살렘으로 가는 여정은 비교적 평탄했지만, 도시로 들어선 이후에는 그의 계획에 대한 반대가 지나쳐서 결국 죽음으로 이어졌다. 복음서의 저자들은 예수의 예루살렘 입성을 승리의 입성으로 기술하고 있다. 왜냐하면 약속된 메시아가 하나님의 왕국 건설을 시작할 것으로 믿는 많은 사람들이 그를 환영했기 때문이다. 그들의 희망은 사태 반전으로 좌절되었다. 제사장들과 지도자들은 예수가 성전 사용문제를 공격하자 분노했다. 예수가 장사꾼들을 몰아내고 제사장들과 지도자들의 행동이 상업주의적이라고 비난하면서 유대교 지도자들에게 적대감을 나타내자 그들은 예수를 탄핵하기로 결정했다.

그때가 유대교의 유월절 축제기간이었으므로 수많은 사람들이 몰려들고 있었다. 예수는 제자들과 함께 유월절을 쇠었지만 그러는 동안에 그의 적들은 그가 유대교에 불충했을 뿐 아니라 로마 정부의 적이라고 음모를 꾸며 그를 고발했다. 유월절이 끝나자 예수는 제자 중 하나였던 유다의 배반으로 군인들에게 체포되었다. 그는 로마 총독 앞에서 재판을 받는 동안 빌라도의 심문을 받았다. 그는 예수에게 죄가 없다고 선언했다. 빌라도는 예수를 석방시키려고 했으나 군중들이 유죄를 주장하며 십자가에 달 것을 요구하자 굴복하고 말았다. 예수의 제자들 입장에서 보면 그들은 바라던 모든 것을 잃었다. 제자들은 자신들의 목숨을 구하기 위해 예수를 저버리고 달아났으나, 예수는 십자가에서 죽었고 요셉의 새로운 묘지에 묻혔다.

나중에 이 제자들의 경험에서 괄목할 만한 변화가 일어났다. 그들은 점차 예수가 대의를 잃지 않았다고 느끼기 시작했다. 십자가에서의 그의 죽음은 하나님의 뜻이다. 그는 자신의 죄로 죽은 것이 아니라 선지자 이사야가 예언한 '고난의 종'처럼 다른 사람을 대신해서 죽은 것이다. 예수가 십자가에서 죽기 전까지 제자들은 예수가 받은 사명의 본질을 이해하지 못했지만, 이제 그가 진정한 메시아라고 확신하게 되었다. 십자가의 죽음이 예수가 일어섰던 대의의 끝이 아니다. 실제로 그 대의는 그 이전보다 한층 더 활기를 띠고 있었다. 하나님의 왕국은 언젠가는 이룩될 것이다. 예수가 그의 계획을 마무리하기 위한 재림은 이미 시작되었으며 가까운 미래에 이루어질 것이다. 이러한 확신을 마음에 품은 제자들에 의해 기독교 운동은 시작되었고, 그 운동이 신약의 저술로 이어졌다.

정리 노트

바울의 서신들

신약의 약 3분의 1은 사도 바울이 써서 당시의 기독교 사회에 보낸 서신들로 구성되어 있다. 이 서신들은 예수의 생애를 기술한 다른 복음서보다 먼저 쓰여졌기 때문에 초기 기독교 사회의 역사에 대해 오늘날 우리가 얻을 수 있는 가장 믿을 만한 정보가 된다. 이 서신들은 소수의 예를 제외하고는 바울이 관여한 특정 교회가 처했던 상황에 대해 쓴 것들이었다. 바울 사후 얼마긴의 시긴이 지나자 이 서신들이 교회를 돌아다니면서 정규 예배의 일환으로 구약과 함께 읽혀지기 시작했다. 나중에 이 서신들은 성스러운 유대교 성서에 견줄 수 있을 정도로 하나님의 영감으로 쓰여진 것으로 받아들여졌다.

서신의 내용을 이해하려면 우선 이 글을 쓴 사람과 당시의 상황에 대해 어느 정도 알고 있어야 한다. 다행히 편지에는 상당한 정보들이 담겨 있다. 바울의 동료였던 누가의 전기에서도 추가 정보를 얻을 수 있는데, 이는 사도행전에 포함되어 있다.

바울은 그리스, 로마에서 상당한 중요성을 가진 도시 닷소의 원주민이었다. 그는 히브리 민족 중 베냐민 지파의 후예였으며, 원래 이름은 이스라엘의 첫 번째 왕과 같은 사울이었다. 유대인 가정에서 자란 그는 구약의 가르침을 받았고, 바리새파의 믿음과 관습에 엄격히 일치되는 양육을 받았다. 나이가 들자 예루살렘으로 보내져 당시 저명한 유대인 랍비 중의 한 사람이었던 가말리엘 밑에서 공부했다. 후에 닷소로 돌아와 아마도 그리스 대학에 들어갔던 것 같다.

바울의 생애에서 극적인 전기는 예루살렘으로 돌아와서 랍비가 되려고 공부를 시작했을 때 찾아왔다. 바리새파의 헌신적이고 충직스러운 유대인이었던 그는 무엇보다 모세 율법에서 요구하는 사항을 자세히 분석하는 데 관심을 가졌다. 그는 율법 자체뿐만 아니라 위대한 랍비들이 쓴 해설과 주석에까지 정통하게 되었다. 유대교의 기본적인 율법에 따라 구원을 얻으려면 하나님이 그의 백성들에게 내린 모든 법률에 복종하는 것이 유일한 길이라고 그는 생각했다.

그러나 바울은 공부를 깊이 하는 과정에서 사람이 해야 할 바를 안다는 것과 하고 싶은 마음과는 별개라는 사실을 차츰 깨닫게 되었다. 더 나아가 그는 행동을 일으키는 것은 욕구인데, 율법은 율법에서 필요로 하는 욕구를 불러일으키지 못한다고 생각했다. 실제로는 더욱 상황이 좋지 못하다. 예를 들면, 사람이 어떤 것은 하지 말아야 한다는 것을 알면 오히려 그것을 하고 싶은 충동이 일어난다는 것이다. 바울에게는 이러한 의무와 욕구 사이의 갈등이 견딜 수 없을 정도로 심각해졌다. 그로 인해 그는 마침내 랍비가 되려는 계획을 포기했다. 랍비가 되려던 처음의 계획이 실패로 돌아가자 그는 자신이 마땅히 해야 할 구체적인 가치가 있는 일을 찾기를 열망했다. 이때 그는 새로운 종교운동, 위험하기도 하고 이단적인 기독교를 탄압할 필요성이 있다고 믿게 되었다.

이 새로운 종교운동은 예수의 제자로 알려진 일단의 사람들에 의해 전파되고 있었다. 그 제자들은 십자가에서 죽은 예수가 살아나 하늘로 올라갔으며 권능과 영광 중에 다시 이 땅에 돌아올 것으로 믿고 있었다. 이제 바울은 이 운동을 종식시키는 일에 모든 열성을 바쳤다. 그는 이 집단의 구성원들을 체포해 감옥으로 보내고, 죽이겠다고 위협했다. 그러나 그는 그 일을 하는 동안 기독교인들이 박해를 받아들이는 방법에서 깊은 감명을 받지 않을 수 없었다.

스데반이 돌에 맞아 죽은 것은 그런 사건 중의 하나였다. 스데반은 온전한 평온과 마음의 내적인 평화상태에서 무릎을 꿇고 자신에게 돌을 던진 사람들을 용서해 달라고 기도를 드렸다. 이것은 바울이 그토록 찾던 것을 기독교인들이 가졌음에 틀림없다는 명백한 증거였다. 마음의 평화란 자신들이 하나님의 뜻에 따라 살고 있다는 분명한 인식과 깊은 확신이었다. 바울은 예수에 대한 이 사람들의 믿음과 삶의 태도 사이에는 어떤 연결고리가 있다는 것을 깨닫게 되었다. 물론 이러한 확신은 미래에는 더욱 커질 것이었지만, 그의 생애에서의 전환의 정점은 다메섹으로 여행할 때 일어났다. 이제 그는 예수가 정의로운 사람이었으며, 십자가에서의 죽음은 단지 범죄에 대한 처벌이 아니라 고귀한 명분을 위한 순교자의 그것이라고 확신하게 되었다. 바울은 자신에게도 똑같은 명분을 주입시켰다. 그것은 예수가 십자가에 못 박히기 이전보다 더욱 생명력이 넘쳤으며, 인간의 욕구와 배치되는 율법에 순종하는 것으로는 얻을 수 없는 구원의 길을 가르쳐주는 것이었다.

바울이 기독교 사회의 구성원들과 운명을 같이 하기로 결심하고 곧바로 전도자가 된 것은 아니었다. 왜냐하면, 그가 그 운동의 지도자로서 전반적인 인정을 받기까지는 대략 14년의 세월이 걸렸던 것이다. 그 동안 바울은 자신의 신앙을 충분히 생각할 시간을 가졌으며, 이 땅에서 예수의 생애가 주는 의미에 대한 자신의 이해를 체계화시켰고, 기독교를 세계적으로 전파하기 위한 계획을 수립했다. 마침내 그는 안디옥 교회로 와서 그곳의 일을 도와달라는 바나바의 권유를 받았다. 바울은 이 교회에서 짧은 봉사를 마치고서 예수의 죽음을 통한 구원의 소식을 전하는 전도여행을 시작했다. 전도활동을 하는 동안에 그는 신약에 보존되어 있는 편지들을 썼던 것이다.

갈라디아서
Galatians

이 편지를 쓰게 된 것은 갈라디아에 있는 교회들, 특히 안디옥의 한 교회에서 이방인 기독교인들에게 모세 율법 준수를 요구한 사건과 관련해 제기된 논쟁에 기인한다. 상당히 많이 문제가 되는 율법은 훗날 기독교인들의 세례와 매우 동일한 의미를 가지는 할례를 다루는 조항이었다. 유대교 출신의 기독교인들은 모든 기독교인들에게 이 의식을 요구하지 않아야 할 아무런 이유가 없었다. 그들이 알고 있듯이 모세를 통해 하나님이 내린 율법은 항시적으로 구속력을 가지며, 사람이나 어떤 상황에 의해 무시되어서는 안 된다.

이방인 출신으로 예수의 제자가 되어 기독교인이 된 사람들로서는 할례의식을 준수해야 할 아무런 가치도 느낄 수 없었고, 그로부터 벗어나기를 원했다. 교회의 이방인에 관한 일로 초청을 받은 바울로서는 그들의 입장을 이해할 수 있었다. 그가 개종하기 이전, 모세 율법과 마주했던 경험으로 보면 누구든 외적인 율법조항에 복종하는 것만으로는 구원을 얻을 수 없다는 것이 그의 생각이었다. 그 자신이 기독교 신앙으로 개종한 것은 예수의 삶에 나타난 정신이 개개인의 몸과 마음을 사로잡아야만 구원을 얻을 수 있다는 확신에 기인한 것이었다. 따라서 이방인 기독교인들이라도 바울이 진정한 신앙의 의미라고 생각했던 그 정신만 가지고 있으면 모세 율법의 글자에 부합하든 않든 별반 차이가 없다는 것이었다. 바울이 이들 교회에 있을 동안에는 유대인과 이방인들은 각기 자신들의 양심의 명을 따르며 심각한 갈등 없이 잘 지내는 것 같았다. 그러나 바울이 전도여행을 떠나고 난 후, 예루살렘 교회의 저명한 성직자들이 갈라디아의 신설 교회를 방문했을 때 갈등이 시작되었다.

이들 교회 방문자들은 이방인 출신을 포함하여 모든 기독교인들은 모세 율법의 다른 요구사항들과 마찬가지로 할례도 지켜야 한다고 주장했다. 나아가 그들은 이 문제와 관련된 바울의 태도에 대해서도 심각한 비난을 가했다. 심지어 그를 협잡꾼이며 교회 구성원들을 잘못 인도한 죄를 지었다고 매도하기에 이르렀다. 이러한 비난에 대해 바울은 갈라디아에 보내는 서신을 썼다.

편지 서두에서 바울은 자신이 갈라디아에 없는 동안 일어난 일에 대해 놀라움을 표시했다. 소위 예루살렘 교회 지도자들이 취한 태도에 놀란 그는 자신이 수고를 아끼지 않았던 사람들이 이들 방문객으로부터 자신이 선포한 메시지를 버리고 전형적인 유대 율법의 요구사항을 의무로 받아들이도록 설득당하는 것을 보고는 크게 실망했다. 바울은 기독교 사회의 자격 있는 지도자가 아니라는 공격에 대해 답변하면서 ─ 사람이 아닌 ─ 예수가 자신을 불렀다고 선언하면서 자신의 사도직을 옹호했다. 이 주장에 덧붙여 자신의 개종과 교회들 사이에서 자신의 임무를 수행하던 상황을 회고했다. 그는 예루살렘에 있는 소위 '교회의 기둥들'과의 관계를 설명하고 그들과 가졌던 회의의 목적과 결과를 서술했다. 비록 그가 자신이 선포하려는 메시지의 내용에 관해 그들로부터 어떤 직접적인 지시를 받지는 않았지만, 그들은 그가 하는 일에 대해 충분히 들었으며, 특히 이방인으로서 기독교에 들어오는 사람들을 위해 각별히 노력하라는 부탁과 함께 승인을 받았다.

서문에 이어 바울은 편지의 핵심내용으로, 나아가 구원을 얻는 수단으로서의 율법의 유용성과 한계에 대해 일일이 설명하면서 율법에 관한 입장을 분명히 했다. 율법은 사람들의 인격적 결점을 그대로 드러내고 있다. 그 점에서 율법의 기능은 거울과 같아서 흠을 들추어내기는 하지만 없애주지는 못한다. 그는 이렇게 적고 있다. "율법이 우리를 그리스도에게로 인도하는 몽학 선생이 되어 우리로 하여금 믿음으로 말미암아 의롭다 함을 얻게 하려 함이니라."(3:24) 이 목적이 달성되었다면 율법은 더 이상 가치가 없는 것이다. "하나님 앞에서 아무나 율법으로 말미암아 의롭게 되지 못할 것이 분명하니."(3:11) 오직 예수에 대한 믿음으로만 의롭게 여기심을 받을 수 있는 것이다. 바울에게 믿음은 예수의 이 땅에서의 삶에 대한 여러 가지 사실들을 머리로 인정하는 것 이상이었다. 그에게는 개개인이 예수의 삶에서 예시된 길로 헌신하는 것을 의미했다. 예수가 보여준 것과 같은 정신을 가진 자는 죄와 죄의 결과인 죽음으로부터 구원될 것이다. 그러면 사람의 욕구와 본성은 보상을 받기 위한 임무로서가 아니라 하고 싶어서 옳은 일을 하도록 바뀌게 될 것이다.

바울은 자신의 입장을 견지하기 위해 일련의 주장을 내놓았다. 한 예로 그는 믿음의 조상인 아브라함을 들면서, 율법은 아브라함이 죽고 몇 세기가 지난 다음에 나타났으므로 아브라함의 의로움은 율법을 지켜서 얻은 것이 아니었다고 했다. 그렇다면 아브라함은 믿음으로써 의롭다고 인정받은 것이 틀림없다. 만약 아브라함이 신앙심을 통해 의로움을 얻었다면 그의 모든 정신적인 후예들에게도 그것은 진리일 것이 분명하다. 하나님이 아브라함에게 큰 약속을 할 때 아브라함의 모든 후손들도 포함된다. 바울에 따르면 '약속에 의하면 네가 만일 그리스도에 속한다면 너는 아브라함의 자손이며, 상속자'라는 말이 있듯이 기독교도들은 아브라함의 씨앗이다. 이 점은 아브라함의 두 아들에 관한 비유에서 좀더 정교하게 이어진다. 한 아들 이스마엘은 종에게서 태어났으며, 다른 아들 이삭은 자유로운 여자에게서 태어났다. 이스마엘은 율법에 구속된 사람들을 대표하며, 이삭은 예수 안에서 자유로운 사람들을 대표한다. "그리스도께서 우리로 자유케 하려고 자유를 주셨으니 그러므로 굳세게 서서 다시는 종의 멍에를 메지 말라."(5:1)

갈라디아서는 성령으로 충만하게 살아가는 사람의 삶과 육체의 욕구를 가진 사람이 살아가는 삶을 기술하는 것으로 마무리되었다. 삶의 질은 예수의 정신을 가졌느냐 갖지 못했느냐에 의해서 결정된다.

갈라디아서는 여러 면에서 중요하다. 우선 이것이 신약 중에서는 아주 초기의 글이라는 사실이다. 편지를 통해 예수의 사후에 기독교 교회에서 제기되었던 문제들을 꿰뚫어볼 수 있다. 가장 중요한 것은 기독교에 대한 바울의 핵심적인 개념을 나타내고 있다는 점이다. 이 서신은 율법의 구속으로부터의 자유를 말하고 있기에 사람들은 바울의 독립선언이라고 부르기도 했다. 이로써 바울은 유대교와 유대인 출신으로 모세율법과 예수의 가르침을 동시에 믿는 유대인 출신 기독교인들과도 단절을 분명히 했다. 율법에 충실한 것만으로는 구원을 얻을 수 없다.

인간은 가슴의 욕구를 따를 수밖에 없는데, 율법의 요구와 가슴의 욕구가 다르다면 율법을 어길 수밖에 없고, 결과는 죄를 낳는다. 인간의 본성만으로는 이를 이룰 수 없다. 그리스도 정신을 몸과 마음으로 받아들였을 때에 해야 할 일과 하고 싶은 일이 일치하게 된다. 다시 말하면, 하나님이 개개인의 마음속에 자리할 때 사람도 바뀌게 된다.

바울의 주장을 모든 사람이 받아들인 것은 아니었다. 유대인 성향의 기독교인들은 아직도 율법제일주의를 신봉하고 있으며, 그 해석은 오늘날에도 신학의 핵심 주제의 하나다.

데살로니가 전·후서
1 and 2 Thessalonians

바울이 데살로니가에 보낸 두 통의 편지는 신약에 포함되어 있다. 데살로니가 전서는 기독교인이 된 지 얼마 되지 않은, 어쩌면 몇 달 정도밖에 되지 않은 사람들에게 보낸 편지였다. 사도행전에서 보면 바울이 데살로니가에 머무는 동안 그가 안식일에 세 번 잇따라 유대 교회에서 설교한 것으로 나온다. 그 후에도 그는 분명히 한동안 그 도시에 머무르면서 이방인들 사이에서 일을 계속했다. 그가 유대인과 이방인들 사이에서 개종자를 얻었다는 점에서는 그의 사역이 성공적이었지만, 그가 유대인들을 제자로 둔다는 점에 분개하는 유대인들의 반대에 직면했다. 이런 반대 때문에 바울은 마치 자신이 그러했듯이 새로 형성된 기독교 사회가 박해를 당하지 않을까 우려해서 현명하게도 그 도시를 떠났다. 기독교인들의 신앙이 자라기 전에 떠나는 것이 섭섭했지만 가까운 장래에 다시 오기를 희망했다. 그는 병 때문에 돌아올 수 없게 되자 동료 디모데를 보내 이들을 강건케 하고 결과를 알려달라고 부탁했다. 디모데가 돌아와서 이들이 새로운 신앙으로 굳건하게 일어섰다는 희소식을 전하자 바울은 데살로니가에 보내는 첫 번째 편지를 쓴다.

바울은 데살로니가 사람들이 자신이 제창했던 복음을 충실히 따르고 있음을 축하하면서 그들에게 확고한 믿음이 자리하기를 촉구했다. 그는 기독교적인 삶의 정신에 어긋나는 관능과 여러 형태의 이기주의를 경고하고 있다. 그러나 바울 서신의 주된 목적은 바울이 떠난 후 그 도시에서 발생한 특별한 문제를 다루려는 것이었다. 바울은 데살로니가의 기독교인들과 세상의 종말은 아주 가까운 시일에 온다는 믿음을 같이 했다. 유대교 계시사상의 일부 유산이기도 한 이 믿음은 메시아의 왕국은 갑작스러운 재난과 함께 도래한다. 이때가 되면 하늘의 메시아가 권능과 위대한 영광으로 하늘의 구름을 타고 내려올 것이다. 초기 기독교인들이 십자가에서 죽은 사람이 진정한 메시아라는 생각을 받아들였을 때, 그들은 그가 자신이 시작한 과업을 완수하기 위해 돌아와야 한다고 확신했다. 그가 다시 올 때의 형태는 계시사상에 따른 것이었다. 이러한 믿음은 초기 기독교인들에게 공통적이었으며, 바울도 같은 생각이었다. 기독교인들은 그가 다시 올 정확한 시간은 아무도 모른다고 주장했지만 당시 기독교 사회의 구성원들은 자신들이 살아 있는 동안일 것으로 확신했다. 바울이 데살로니가를 떠난 다음 교회 사람들 몇 명이 죽었다. 예수가 돌아오지 않자 메시아 예수가 그들 모두가 살아 있는 동안에 올 것으로 믿었던 생존자들 사이에서 심각한 회의가 일기 시작했다. 그들이 보기에 이 점에서는 바울이 틀렸던 것이다. 그렇다면 다른 점에서도 그가 잘못을 했을지 모른다는 의심이 고개를 들었다. 어떤 종류든 분명한 설명이 필요했으며, 이 상황은 다른 어떤 단일 사안보다 데살로니가 전서를 쓰게 만드는 계기가 되었다.

예수의 재림에 대한 언급에서 바울은 이렇게 말하고 있다. 가까운 미래에 이 땅으로 예수가 다시 오리라는 믿음은 결코 포기한 적이 없다. 예수가 재림하기 전에 죽은 사람들이나 죽을지도 모르는 사람들은 그때 살아 있는 사람들과 동일한 몫을 가지게 될 것이다. "주께서 호령과 천사장의 소리와 하나님이 나팔로 친히 하늘로 좇아 강림하시리니 그리스도 안에서 죽은 자들이 먼저 일어설 것이다."(4:16) 이 말에 바울은 덧붙였다. "그 후에 우리 살아남은 자도 저희와 함께 구름 속으로 끌어올려 공중에서 주를 영접하게 하시리니, 그리하여 우리가 항상 주와 함께 있으리라."(4:17) 그 하나님의 날은 밤중에 도둑처럼 올 것이라는 암시로 편지를 마무리했다. 그날이 언제일지는 아무도 모른다. 다만 모두는 언제라도 준비되어 있는 삶을 살기 바란다.

바울의 데살로니가 후서는 어떤 의미에서는 전서에 대한 추가적인 성격의 것이다. 편지는 잘 전달되었고, 사람들은 죽은 자에 대한 바울의 설명에 만족하고 있었으며, 바울이 가르친 복음에 진실하려면 기꺼이 박해도 받을 준비가 되어 있

었다. 그러나 바울의 가르침에 열광적이었던 일부 기독교 사회의 구성원들은 세상의 종말이 바로 코앞에 다가왔으므로 미래를 위한 모든 계획을 멈춰야 한다고 했다. 실제로 그들 중 일부는 모든 일을 멈추었고, 그렇게 하는 것이 가까이 다가온 위대한 사건에 대한 자신들의 신앙심을 나타내는 것이라고 믿었다. 일하지 않는 사람들의 존재는 일하는 사람들에게는 부담이 되었으며, 이러한 상황이 새로운 문제를 만들었다. 바울은 이에 대한 우려를 두 번째 서신에 담고 있다.

데살로니가 사람들의 충성심을 칭찬하면서 하나님은 박해받은 자들을 공정하게 대해 줄 것임을 확신시켰다. 이어서 편지의 본론으로 들어갔다. 비록 하나님의 날이 가까웠기는 하지만 일부 사람들이 생각하는 것처럼 가깝지는 않다. 사람들 사이에 나돌던 문서에서는 그날이 이미 시작되었다는 말도 있었다. 바울은 그런 것에 속지 말라고 이르면서 하나님의 날은 어떤 사건이 일어나기 전에는 오지 않을 것이며, 그 사건도 아직 일어나지 않았다고 말해 주었다. 바울이 언급한 사건은 사탄의 힘을 빌려 육신으로 화한 자가 예루살렘 사원에 자신을 세우고 저조들과 겸이로움으로 사람들을 속이는 적그리스도의 출현을 말한다. 바울이 그렇게 한 말의 기조는 그가 잘 알고 있던 유대교 계시록에 나타나 있다. 이 무법자 적그리스도의 출현과 관련하여 바울은 그가 아직 아무런 제지도 받지 않고서 이미 활동을 시작했으며 좀더 본격적으로 진행될 것이라고 했다. (아마도 바울은 로마 정부가 그를 제지할 것이라고 생각했다.) 때가 이르면 적그리스도가 정체를 드러낼 것이며, "주 예수께서 그 입의 기운으로 저를 죽이시고 강림하여 나타나심으로 폐하시리라."(2:8) 편지는 데살로니가 사람들에게 생업을 계속할 것이며, 예수의 재림을 게으름 부리면서 맞지 말라는 훈계로써 마무리하고 있다.

데살로니가에 보낸 두 통의 편지는 역사적인 관점에서 볼 때 흥미롭다. 새로 형성된 기독교 사회에서 일어나는 상황을 보여주고 있기 때문이다. 또, 초기 기독교가 예수의 재림과 왕국의 건설을 다루면서 유대교의 계시록 사상에 어느 정도 영향을 받았다는 것을 보여주는 점에서도 가치가 있다. 유대교의 계시록에서는 죽은 자들의 부활을 새로운 시대를 안내하는 사건과 함께 다루고 있다.

데살로니가로 보내는 편지는 모두 한 교회에 보낸 것으로, 교회 구성원들이 당면한 문제와 관련되어 있었다. 바울은 자신의 편지가 그 이상의 목적으로 사용되리라고는 생각지도 못했을 것이다.

고린도 전·후서
1 and 2 Corinthians

바울은 고린도 교회에 적어도 네 종류의 편지를 썼고, 그 중 세 통이 신약에 포함되어 있다. 지금 고린도 전서라고 부르는 편지에는 기독교 교회 내에서 행해서는 안 될 행동지침을 담은 이전 편지에 대한 언급이 있다. 고린도서 2편은 별개의 편지로 구성되어 있다. 1장-9장은, 10장-13장 내용의 편지가 전달되고 교회 구성원들에게 수용되었음을 지적하면서 부드러운 어조로 쓰여졌다. 10장-13장은 '고통의 편지'라고 언급되는 것으로 거기에서 바울은 자신과 자신이 한 일에 대해 던져지는 많은 잘못된 비난에 답하고 있다. 바울의 서신 중 가장 많은 것이 고린도 교회에 보낸 것이었다. 이곳에서 일어난 일들이 다른 교회에서 당면한 것보다 훨씬 많았기 때문이며, 만약 그의 메시지가 고린도에서 성공적일 수 있다면 다른 곳에서도 좋은 결과를 가져올 수 있으리라고 믿었기 때문이다.

고린도는 바울 당시에 아주 중요한 도시였다. 일반적으로 향락에 빠진 도시로 알려진 이곳은 그리스 문화의 중심지였고, 분주한 상업도시로 세계 여러 나라 사람들과 풍습이 몰려들어 국제적인 분위기를 풍기는 곳이었다. 성의식을 행하는 이교도가 있었고, 물질주의와 비도덕적인 질서가 받아들여지는 곳이었다. 이러한 여건으로 볼 때 바울이 두려움을 가지고 고린도 전도여행을 시작한다고 한 것은 놀랄 일이 아니었다. 그러나 그의 사역은 처음부터 성공적이었다. 그는 각별히 새로운 기독교 개종자들에게 당시 일기 시작하던 많은 복잡한 문제들에 대해 말해 주고 싶었다. 다른 지역에서는 율법에 얽매인 유대인들이 말썽을 일으켰으나 고린도에서는 도덕적인 문제들이 가장 골칫거리였다. 고린도 교회 신자들 중에는 히브리의 도덕기준에 낯선 교육과 환경 출신의 다른 지역 사람들이 포함되어 있었다. 바울은 고린도 교회가 이교도 사회의 도덕, 즉 부도덕과 타협해서는 안 된다고 크게 걱정했다.

고린도 교회에 보내는 가장 긴 편지는 신약의 고린도전서다. 다양한 주제를 담은 16장에서 첫 번째 주제로 언급하고 있는 것은 교회의 분파주의였다. 4개의 다른 분파가 4명의 다른 사람과 교류하면서 그들로부터 가르침을 받고 있었다. 그 4명은 바울, 아볼로, 게바, 그리스도였다. 이들 분파 간에 심각한 다툼이 있음을 바울에게 알린 사람은 클로에로 알려지고 있다. 그리스에서 강조되던 독립적인 사유 정신이 고린도 교회에 분명히 영향을 미치고 있었다. 이 문제를 다루는 바울의 태도는 주목할 만하다. 그는 공동사회의 모든 구성원들이 모든 문제에 대해 같은 생각을 해야 한다고 주장하지 않았으며, 권위를 가진 사람이 다른 사람에게 특정의 믿음을 강조하는 것도 옹호하지 않았다. 그가 주장한 것은 서로가 상대방으로부터 배우는 것이 허용될 수 있는 정신적인 일체감과 결의였다.

교회 신도들 사이의 비도덕적인 문제에 대해 바울은 아주 분명했다. 신도들 사이에 어떤 비도덕적인 행동도 용인하지 않는다는 것이었다. 만약 그들 중 누군가가 이교도들의 저급한 도덕기준에 따라야 한다고 주장한다면 그들은 교회에서 추방되어야 한다. 신도들이 사악한 사회에서 살아가는 한, 악을 행하는 자들과 어울리는 것은 피할 수 없다 하더라도 기독교인이라고 불리는 신도들 간에서는 용서될 수 없다. 교회의 기능은 교회가 몸담은 사회에 대해 높은 기준을 설정하는 것이며, 신도들에게 낮은 수준을 허용해서는 이룩할 수 없는 것이다. "적은 누룩이 온 덩어리에 퍼지는 것을 알지 못하느냐? 너희는 누룩 없는 자인데 새 덩어리가 되기 위하여 묵은 누룩을 내어버리라."

교회 신도들 간의 분쟁은 법정으로 가지 않고 해결되어야 한다. "너희들 사이에 송사가 있다는 것은 이미 너희가 패했다는 것을 의미한다. 차라리 불의를 당하는 것이 낫지 아니하냐?"

바울은 유대 속담에서 세속의 판단을 맡은 현자의 이야

기를 인용했다. 고린도인들이 자신들 내부의 문제도 해결할 수 없다면 분명 세상의 판단을 감당할 능력도 없다는 것이다.

고린도 교회에서 성도덕은 심각한 문제였다. 일부일처나 순결은 기독교를 믿기 이전에 이들이 자라던 이교도 사회에서는 의무가 아니었다. 결혼에 관한 바울의 지침은 고린도 교회를 높은 수준의 삶을 사는 사례로 만들고 싶었던 그의 욕심과 예수의 재림이 임박했다는 믿음과 관련해서 고려하지 않으면 안 되었다. 여자가 교회에서 말을 하는 것이 적절하지 않다는 바울의 권고도 같은 맥락이다. 고린도에서는 매춘부들만이 공공 장소에서 말을 했기에, 바울은 고린도 교회 여자들의 명예를 지켜주기 위해 여자들이 교회에서 침묵을 지키는 것이 현명하다고 생각했다. 그러나 그는 그것이 단지 개인적인 생각임을 설명했으며, 직접적인 계시를 받은 것이 아니었다.

제사에 바쳤던 고기를 먹는 것과 관련하여, 모두는 스스로 양심의 명령에 따르면 되지만 자신과 의견을 달리하는 사람의 양심도 존중해야 한다고 언급했다.

기독교는 예수의 죽음과 부활과 관련하여 관습적으로 함께 식사에 참여하는 행사가 있다. 고린도 교회의 일부 사람들은 식사의 의미를 알지 못한 채 잔치의 기회로 삼고 있었다. 이에 대해 바울은 그 식사의 목적이 함께 모여 먹고 마시며 즐기는 것이 아니라 예수의 삶과 죽음이 보여준 정신에 새로운 헌신을 하는 것이라고 말했다. 다시 말하면 개개인은 자신의 마음과 삶을 점검하고 예수의 정신과 일치시켜야 한다. 사람들 간에 불평이 있거든 함께 식사를 하면서 털어 버리라는 것이다.

교회 신도들 사이의 영적 은사는 고린도서에서 다루는 또 하나의 주제다. 사람의 신체에 비유할 때 각 기관은 고유의 기능을 수행하며, 어느 한 가지가 다른 것에 비해 더 중요하다고 할 수 없듯이 그리스도의 몸인 교회에서도 마찬가지다. 어떤 이는 예언의 은사를 받았고, 어떤 이는 가르침의 은사, 그리고 다른 이는 교회 일을 수행하는 봉사의 은사를 받았다. 사도나 선지자들은 자신들을 다른 은사를 행하는 사람들보다 우월하다고 생각하지 않는다. 왜냐하면 모든 은사들은 필요한 것으로 그들 중 어느 것이라도 없으면 교회는 완전하지 못하게 된다. 방언의 은사를 받은 것으로 다른 사람들에 대한 지도적인 지위를 뽐내는 사람들에게 바울은 그 은사도 다른 모든 은사와 마찬가지로 기독교적인 삶을 얼마나 증진시키는가 하는 유용성의 관점에서 평가되어야 한다고 말한다. 그는 방언을 유용하게 사용하는 사람들을 비난하지는 않았으나 자기 스스로도 알아들을 수 없는 긴 방언을 늘어놓는 것보다는 다른 사람들이 들을 수 있는 몇 마디가 더 낫다고 말했다.

영적 은사 다음은 기독교인들의 사랑에 대한 바울 불멸의 찬송으로, 기독교 문학의 위대한 고전이 되었다. 찬송은 기독교인들의 행동의 근간이 된다. 그리스에 지혜가 있었다면 기독교에는 사랑이 있었다. "믿음과 사랑과 소망 중에, 그 중에 가장 위대한 것은 사랑이라."

사랑 다음에 바울이 논한 것은 부활이었다. 그는 이 주제를 가장 중요하게 여겼다. 왜냐하면, 그에게는 부활이야말로 기독교가 존재할 수 있는 전체적인 구도였던 것이다. 만약 그리스도가 부활하지 못했다면 우리의 희망은 헛것이 되고 만다. 그리스도의 부활은 많은 증언자들에게 확인되었으며, 자신은 최후의 증언자다. 부활의 의미는 메시아 예수의 정당성 차원이 아니라 우리들에게 예수에게서 일어났던 일들이 그를 믿는 우리에게도 일어날 수 있음을, 일어날 것임을 확신시켜 주는 것이다. 정의로운 자의 부활은 그의 재림과 연관될 것이다. "멸망의 사람들은 불멸의 옷으로 갈아입게 된다. 죽을 사람들이 불멸의 옷으로 갈아입게 되면 '승리가 사망을 삼켰다'고 기록된 말이 현실로 나타나게 될 것이다." 이 편지는 예루살렘에 있는 가난한 기독교인들을 구제할 기부를 호소하는 것으로 끝을 맺는다. 바울은 예루살렘으로 가는 길에 고린도에 들러 기부금을 가져갈 예정이었다.

고린도 후서 10장-13장에 나오는 소위 '고통의 편지'에는 자신을 정당한 기관으로부터 교회들을 오가며 일하는 권한을 받지 않은 협잡꾼으로 고발한 유대인 율법주의자 등의 적들을 향한 바울의 변명이 들어 있다. 율법주의자들은 "바울의 몸에는 가시가 나 있다"며 고대 유대교의 규칙으로 보면 사제

직을 그만두어야 할 신체적인 결함으로 자신들의 비난을 뒷받침했다. 그들은 더 나아가 바울이 교인들의 지원을 받는 대신 자기 스스로 육체적인 노동을 한다며 비난했다. 이는 그들의 판단으로서는 그가 권위 있는 전도역할에 당연히 수반되는 지원을 받을 자격을 갖추지 못했다는 것을 인정하는 것이었다. 또한 율법주의자들은 그가 편지에서는 용감하지만 직접 율법주의자들을 만나서는 얌전한 겁쟁이가 된다고 비난했다. 유사한 모든 비난들은 바울이 행하고 있던 종교적 임무를 불신하려는 목적이었다.

이런 모든 비난에 대해 바울은 정열적으로 답변한다. 한편으로는 그러한 비난들이 잘못된 것임을 보여주면서 고린도 사람들에게 그들과 복음을 위해 자신이 겪은 시련과 고통을 자세히 설명해 준다. 비록 자신이 얻은 것에 대해 교만하게 보였을지 모르는 점에는 사과하면서도 그 필요성을 설명하고 있다. 나아가 자신의 가장 커다란 절망은 자신에 대한 이런 종류의 비난 때문이 아니라 고린도 교회의 많은 성도들이 명백히 그들에게 설득당했다는 점에 있다는 것을 설명한다.

고린도 후서로 불리는 글의 처음 9개 장은 '고통의 편지'가 전해지고 교회에 의해 받아들여진 얼마 후에 쓴 것으로 보인다. 이 편지는 고린도 신자들의 변화에 대해 감사하는 표현을 담고 있다. 그는 그들이 다시 올바른 길로 접어들었음을 기뻐하면서 그가 그들에게 처음으로 설파한 복음의 핵심적인 의미를 요약하는 것으로 마무리한다. 바울은 구약에 나오는 예언자 예레미아의 말을 빌려 기독교의 복음은 '돌의 현판이 아닌 사람의 가슴에' 쓴 새로운 맹세 바로 그것이라고 말하고 있다. 이 편지는 다시 그들에게 가난한 예루살렘 사람들을 도울 모금을 부탁하는 것으로 끝맺고 있다.

고린도서는 단일 교회와 당시 현지에서 발생한 문제들에 관해 쓴 것이지만 신약의 독자들에게는 각별한 의미가 있다. 편지가 초기에 작성되었다는 점이 그러하다. 따라서 예수의 생애를 다룬 다른 복음서들이 쓰여지기 이전에 있었던 기독교 운동의 성격을 알 수 있는 재료들이다. 예수 부활에 관한 바울의 언급은 부활을 다룬 가장 오래된 기록이다. 예수의 만찬도 마찬가지다. 방언의 은사를 포함하는 다른 은사에 대해서도 당시 교회들이 어떤 관점으로 보았는가 하는 것을 보여준다. 마지막으로, 고린도서에서 이야기하는 많은 문제들은 당시의 상황을 잘 말해 주고 있다.

부활에 대한 바울의 언급은 그리스나 구약의 특정 부분들과 다른 견해임도 알 수 있다. 그리스인들은 죽음으로 영혼과 육체가 분리될 뿐, 영혼은 소멸되지 않는다는 영혼불멸을 믿었다. 바울은 이와 달리 물리적인 죽음으로부터의 부활

을 믿었다. 그러나 부활한 존재는 육체적인 몸이 아니라 정신
적인 몸이다. 신체와 영혼과 정신이 포함된 몸을 말하며, 진정
한 구원은 세 가지가 합쳐질 때 이루어진다. 예수의 부활은 악
에 대한 인간의 승리이며, 예수 부활의 의미는 그를 믿는 모든
이들에게 동일한 의미를 가진다.

로마서

Romans

바울은 고린도 신자들에게 기회가 닿으면 가능한 한 빨리 다시 방문하겠다고 약속했다. 그리고 그의 마지막 편지를 보내고 나서 그리 멀지 않은 시기에 기회가 닿아 여러 달을 그들과 함께 보낼 수 있었다. 이 기간 동안, 아마도 서기 57년 후반에 그는 자신의 모든 편지 중에서도 가장 열정적이면서 복음에 대한 이해를 가장 체계적으로 담은 편지를 썼다. 그는 로마 교회를 방문하지 않았었고 현지 사정도 잘 모르는 상황이었기에 다른 교회들에 보내는 초기 편지의 형식과는 다른 형태였다. 그 대신 자신이 기독교의 핵심 요소라고 생각하는 내용을 정교하게 다듬었다. 바울은 당시 알려진 세계에 복음이 전파되기를 희망했기에 로마 교회를 방문하는 것뿐만 아니라 그가 계획하고 있던 전도 계획에 대해 지원을 받는 것이 적절하다고 생각했다. 우리는 로마 교회가 어떻게 세워졌는지는 알지 못하지만 바울 당시에 존재했으며, 머지않아 가장 앞선 기독교 교회가 되리라고 믿을 만한 충분한 이유가 있다. 그는 로마 교회에서 직접 설교하고 싶었으나 가까운 시일 내에 그들을 만나러 가는 것이 어려워지자 로마서를 통해 자신의 신념을 써내려갔다.

로마서 16장은 너무나 정교한 표현들이어서 바울이 말한 의도를 전하려면 많은 설명이 필요하다. 편지의 주요 소재는 당면한 여러 가지 질문들에 답하는 것으로 간략히 요약된다. 즉 복음이란 무엇인가? 누구에게 필요한 것인가? 왜 필요한가? 구원의 속성은 어떤 것인가? 어떻게 얻을 수 있는가? 구원을 얻으면 개인생활은 어떻게 달라지는가? 그것이 사회 전반을 어떻게 바꾸는가? 등 많은 것들이 로마서에서 다루어진다.

복음은 구원에 임하는 하나님의 권능이다. 왜냐하면 그 안에서만 '하나님의 의로우심이 드러나며, 의로움은 믿음에 의한' 것이기 때문이다. 인간은 욕심에 이끌리는 죄를 지은 존재이고, 스스로는 욕심을 제어할 수 없는 무력한 존재다. 오직 하나님의 권능을 통해 사람의 정신과 함께 노력함으로써 욕망을 바꿀 수 있으며 하늘의 의지와 조화로울 수 있다. 예수의 생애는 사람의 삶 안에서 혹은 삶을 통해 세상에 만연한 악의 유혹을 물리칠 수 있는 하나님의 권능이 어떻게 나타날 수 있는가를 보여준다. 예수가 악의 유혹을 물리칠 수 있었던 것과 같은 권능은 그를 믿는 모든 사람에게서 나타날 수 있다. 하나님의 의로우심이 나타나는 믿음은 신앙뿐 아니라 사람의 전인격을 사로잡는 그 무언가를 포함하며, 사람이 생각하는 것뿐 아니라 느낌, 태도, 행동으로도 나타난다. 바울이 쓴 구원

의 의미는 사람으로 하여금 자신과 하늘에 대적하여 죄를 짓
도록 유혹하는 악으로부터의 구원이다. 구원이란 사람의 본성
이 바뀌어 자신이 하고자 하는 것과 해야 하는 것이 일치되도
록 하는 것이다.

구원은 모든 사람에게 필요하다. 왜냐하면 모든 사람은
죄인이며 하나님의 영광에는 미치지 못하기 때문이다. 이방인
들에게 구원이 필요한 것과 마찬가지로 유대인들에게도 구원
이 필요하며, 필요치 않다고 믿는 사람들에게도 필요하다. 그
들이야말로 가장 구원을 필요로 하는 사람들일 것이기 때문
이다. 사람이 자신을 얼마나 잘 평가할 수 있느냐 하는 문제는
그들이 판단의 척도로 사용하는 기준이 무엇이냐에 의해 결정
된다. 하나님의 의로움으로 자신을 잰다면 그는 자신의 부족
함을 깨달을 것이며 개선의 필요가 있다. 바울이 말한 구원은
사람의 인격을 자동적으로 하나님의 의로움 수준으로 만들어
주는 것을 의미하지 않으며, 사람을 그런 방향으로 움직여 그
목표를 향해 더욱 가까이 나아가도록 하는 것이다. 그러나 다
시 말하면 이 구원은 필요성을 깨닫는 사람과 하나님의 권능
을 받아들일 준비가 되어 있는 사람에게만 가능하다.

구원을 얻는 방법에 대해 바울은 갈라디아서에서 사용
한 주장을 그대로 썼다. 구원은 율법이 요구하는 조건들을 준
수하려고 노력하는 사람에게 주어지는 것이 아니다. 이 점에
관한 한, 그 법이 인간의 것이든 하늘의 것이든 관계없다. 어

떤 법률이든 인간을 선하게 하는 힘은 없으며, 그 증거는 바울이 살았던 당시 로마 사회에 존재하던 상황이 보여주고 있다. 로마인들은 그들의 법률체계가 우월하다고 자랑했다. 그러나 그 법률이 당시까지 알려져 있던 나라들의 법률보다 가장 나았음에도 불구하고 로마 사회는 악명 높을 정도로 부패해 있었다. 이 타락한 상황에 대한 언급이 로마에 보내는 바울 서신 1장을 맺는 말이다.

　　바울은 유대인들의 부패도 로마 못지않다고 생각했다. 로마는 인간이 만든 법률을 가지고 있었고, 유대는 하늘의 법을 가지고 있었지만 어느 경우도 인간의 욕망을 바꾸거나 인간이 본성을 악한 것에서 선한 것으로 바꿔놓지 못했다. 인간은 오직 믿음에 의해서만 바뀔 수 있다. 이런 관점에서 바울은 신앙의 정당성을 기술했다. 그러면서 이렇게 지적했다. "법률을 준수했다고 해서 하나님의 눈으로 보시기에 의롭게 될 수 있는 사람은 아무도 없다. 오히려 그 법률로 인해 우리는 죄를 의식할 뿐이다." 그는 이어서 모든 사람은 "예수 그리스도의 대속을 통한 하나님의 은총으로서만 의롭게 될 수 있다. 그러므로 사람은 법률과는 상관없이 믿음에 의해서 의롭게 될 수 있다는 것이 우리의 입장이다." 사람은 하나님과 소원해졌기 때문에 의롭게 될 필요성을 가지게 된다. 그들은 최선의 이익을 취하면서 조화롭게 살아가지 못한다. 다시 말하면 하나님의 의지에 맞춰 살지 못한다. 의롭다함이란 소원한 관계를 극복하고 사람들을 올바른 길, 몸과 마음에 성령을 담으면 일어나는 그 길로 가게 하는 것이다. 사람의 욕구가 변하고 '새로운 생명'이 탄생하는 것이다. 이것이 바울이 말한 구원이다.

구원의 의미에 대한 논리를 발전시킨 바울은 갈라디아에 보낸 편지에서 했던 것처럼 아브라함을 언급하면서 자신의 입장을 견지한다. 아브라함의 믿음은 '의롭다함으로 인한 것이다.' 그의 정신적 후손들은 믿음에 의해 구원을 얻을 수 있다. 예수는 하나님의 정신이 다른 어떤 사람들보다 더욱 완벽하게 구현된 믿음의 특수한 예다. 그런 점에서 바울은 아담이 인류의 상징인 것처럼 예수를 이상적인 사람으로 보았다. 아담과 마찬가지로 우리는 모두 죽고, 마찬가지로 예수처럼 우리는 모두 살아날 수 있다. 아담의 불충이 인류에게 일어난 것을 상징하듯이 악의 세력에 대한 예수의 승리는 성령이 인간의 온전한 마음을 차지할 때 무슨 일이 일어나는지를 보여준다. 이 점이 기독교의 진정한 세례이며 악한 심성의 사망과 장례, 그리고 새로운 삶으로의 부활을 상징한다고 바울은 주장한다.

바울은 랍비가 되려고 율법을 공부할 때의 경험을 상당 부분 기술하고 있다. 이는 인간을 변모시키는 믿음의 힘과 율법의 무용성을 보여주기 위함이다. 율법에 대한 복종으로 구원을 얻고자 하는 것은 죽은 사람이 자신의 몸을 묶는 것처럼 가장 비참한 것이다. 일이 이럴진대, 바울이 "나는 내가 하는 일을 이해하지 못한다. 내가 원하는 것은 할 수 없으며, 내가

싫어하는 일은 하고 있다"고 썼듯이 인간은 죄의 노예다. 다시, "만약 내가 원하지 않는 것을 하고 있다면 그것은 내가 아니다. 그것을 시키는 것은 내 안에 있는 죄다"라고 했다. 이러한 상황에서 바울은 인간의 이름을 부르며 외치고 있다. "나는 얼마나 비참한 존재인가! 누가 나를 이 죽음의 육체로부터 구해 줄 것인가?" 그것은 예수 그리스도에 대한 믿음을 통해서 구해질 수 있다. "그러므로 이제 예수 그리스도 안에 있는 사람에게는 죄가 없다. 왜냐하면, 예수 그리스도를 통해 삶의 생명의 법칙이 죄와 죽음의 법칙으로부터 나를 자유롭게 하였기 때문이다."

구원의 효과는 우선 변화된 개인에서 나타나기 시작할

것이며, 더 많은 사람들이 구원을 받으면 사회에도 나타나게 될 것이다. 율법으로부터 사람을 해방시킨 영혼의 생명은 죄를 지을 자격을 갖는 것이 아니며, 눈앞의 욕망과 맞지 않다는 이유만으로 합법적으로 법률을 어길 수 있는 것도 아니다. 기독교인은 법을 지키는 시민이며, 그의 자유는 더 이상 법에 어긋나는 행위를 하지 않는다는 사실에 있다. 그의 행동은 하고 싶기 때문에 옳은 행동을 하는 것이지 순전히 의무감이나 보상을 받기 위해 하는 것이 아니기 때문이다.

유대인들의 미래에 대해 바울은 그들도 복음을 통해 구원받는 사람에 포함되기를 희망했다. 왜냐하면 구원은 하늘이 내린 것이며, 이스라엘의 위대한 영웅들도 믿음을 통해 의로움을 얻었기 때문에 유대인들이 복음을 거부하는 것은 이상한 일이다. 그들이 그것의 수용을 거부했기 때문에 기회는 이방인들에게까지 넓혀진 것이다. 그러나 바울은 유대교와 기독교 간의 완전한 결별은 고려하지 않았다. 유대인들도 결국은 복음을 받아들일 것이다. 왜냐하면 하나님은 어느 누구라도 멸망하지 않고 살아날 것을 원하기 때문이다.

바울의 로마서 끝부분은 살아가는 방식에 대해 기술하고 있다. 바울은 로마의 기독교인들에게 정부에 대해 존경심을 가지라고 말한다. "지금의 정부는 하나님에 의해 세워진 것이다." 그가 기독교인들로 하여금 당국의 법률이 하나님의 법률과 상충할 때 당국의 법을 지키라고 한 것은 아니었다. 오히려 기독교인들은 지배자들에게 자신의 행동을 감추거나 나라에서 가하는 벌을 피하지 말라는 것이었다. 지상의 정부는 완벽할 수 없으며 법률도 정의롭지 못할 수 있다. 그럼에도 사회의 질서를 담보하는 것은 법률이다. 따라서 기독교인들은 그것을 지켜야 한다. 다른 교회에 보내는 편지에서처럼 바울은 로마 기독교인들에게 가난한 예루살렘 사람들을 구제하기 위한 모금을 부탁하고 있다.

신약의 어느 부분도 바울의 로마서보다 더 역동적이고 보편적으로 기독교의 성격을 규명한 것은 없다. 기독교 역사에 나타난 수많은 부흥운동이나 개혁운동들이 신약의 이 부분에 대한 재해석으로 출발하고 공표되었다는 것이 그 증거다. 예를 들면 16세기에 있었던 마틴 루터의 로마서에 대한 언급이 개신교 운동의 요인이 되었으며, 20세기 칼 바르트가 로마서 분석을 출간하면서 기독교에 대한 새로운 해석의 신기원을 열었다. 로마 교회에 보낸 바울의 서신은 말할 것도 없이 기독교 문헌 가운데 가장 위대한 기록 중의 하나다. 그것은 영감으로 가득 차 있으며, 과거 기독교 역사에서 있었던 많은 중요한 사건의 지침이 되었고 앞으로도 그러할 것이다.

바울이 생각했던 기독교의 동적인 특성은 서신의 서문

에 잘 나타나 있다. 거기에서 바울은 복음을 '믿는 자 모두에게 구원을 주는 하나님의 권능'이라며 힘이 넘치는 그 무엇으로 표현하고 있다. 복음은 다양한 사상들을 배제하지는 않지만 그것을 받아들이는 그 이상의 것이다. 그것은 하나님의 의로우심이며, 받아들일 준비가 되어 있는 자, 기꺼이 받아들이는 자의 삶 속에서 작동하는 역동적인 힘이다. 그것은 그들의 종교적인 배경이 무엇이건 받아들이기만 하면 마음이 원하는 것과 해야 할 일이 일치하는 심성의 변화를 겪게 된다.

복음은 유대인과 이방인을 모두 수용하고 있다. 초기 기독교인들만 해도 구원은 오직 유대인들의 몫이었다. 유대인과 이방인이 함께 모인 로마 교회에 보내는 서신에서 유대교와 그리스 문화에 정통했던 바울은 이들 모두가 이해할 수 있는 언어를 사용하여 복음의 보편성을 설파했다.

구원의 필요성에 대해 그는 원죄론을 든다. 아담이 가졌던 악의 성향이 모든 인류에게도 남아 있다. 이 유혹을 이기지 못함으로써 인간은 하나님과의 관계가 소원해지기 시작한다. 그래서 모든 인간은 하나님 앞에서는 죄인이다. 이 소원함을 극복하는 방법은 자신의 죄를 깨닫는 일이다. 죄를 깨닫는 순간 하나님에 의해 받아들여져 더 이상 죄인이 아닌 것이다. 그렇다고 해서 다시는 죄를 짓지 않는다는 게 아니라, 죄를 짓지 않으려는 의식을 갖게 되고, 이를 위해 하나님의 도움을 청하게 된다는 것이다. 하나님과의 관계는 이렇게 해서 복원된

다. 기독교에서 말하는 세례는 죄를 깨닫기 이전에 가지고 있
던 악한 심성의 죽음을 의미하는 것이다.

옥중서신

바울은 로마서에서 예루살렘 여행 다음에 여건이 갖춰지면 로마 교회를 방문하고 싶다는 희망을 피력했다. 로마 방문은 3년 가까이 연기되었으며, 마침내 로마에 닿았을 때에는 총독의 법정에서 재판을 받아야 하는 죄수의 신분이었다. 예루살렘에 있는 동안 그는 성전에서 폭동을 일으켰다는 이유로 체포되었다. 2년 가까이 가이사랴 감옥에 수감되었던 그는 황제 앞에서 재판을 받게 해달라고 요구하여 로마로 이송된 것이다. 죄수 신분으로 로마에서 3년을 보내고서 재판을 받아 유죄가 확정되었다.

신약에 실린 7통의 편지는 처음에는 모두 바울이 로마 감옥에서 썼을 것으로 추측했었다. 그러나 3통의 편지, 곧 디모데 전·후서와 디도서는 바울 사후의 것으로 여겨지고 있으며, 많은 성서학자들은 에베소서도 그렇다고 믿는다. 그러나 이 4통의 서신 모두는 바울의 영향을 받았음을 느낄 수가 있다. 어쩌면 바울의 제자들이 그의 마음을 헤아려 썼을 수도 있다. 3통의 편지, 즉 빌립보서, 빌레몬서, 골로새서는 바울이 수감되어 있던 로마나 에베소 중 어디에서 쓴 것인가 하는 의문은 남지만 바울의 친서로 간주된다.

● 빌립보서 *Philippians*

빌립보서는 바울이 감옥에 있을 때 빌립보 교회로부터 받은 선물에 고마움을 표시한 비공식 서신이다. 빌립보 교회는 감옥에 있는 바울에게 필요한 물건들이 많으리라 생각하여 빌립보 교회의 교인 중 한 사람인 에바브로디도를 통해 돈을 보내면서 그로 하여금 가까이에서 시중을 들도록 하겠다는 의사를 전했다. 그러나 에바브로디도는 병이 나서 집으로 돌아와야 했고, 바울은 그 편을 통해 빌립보 교회에 서신을 전한 것이다.

편지는 선물에 대한 감사와 교회의 안녕을 기원하는 것으로 시작된다. 바울은 개인적인 경험을 언급하면서 자신의 유일한 바람은 감옥에서 석방되어 교회를 위해 좀더 큰 일을 하는 것이라고 말했다. 그는 고통을 받는 것이 그리스도의 의를 위한 것이라고 생각하니 큰 영광이라면서 예수에 대한 유명한 찬송을 썼다. "그는 본래 하나님의 본체시나, 하나님과 동등됨을 취할 것으로 여기지 아니하시고 오직 종의 형체를 가져 사람들과 같이 되셨고." 바울은 빌립보 교회의 겸손함과 봉사정신을 칭찬하면서 구성원들에게도 예수에게서 구현된 것과 같은 마음을 가지라고 촉구했다.

바울은 교회 사람들에게 디모데가 곧 그리로 갈 것이니

친절히 맞으라고 당부한다. 그의 편지 본론에 이르러서는 유대교 율법주의자들이 퍼뜨리는 선전을 경계하면서 자신이 체험했던 유대교와 기독교로의 개종경험을 회고하고 있다. 빌립보 교회에 대한 몇 가지 설교와 하나님의 축복을 기원하는 기도로 바울은 서신을 마무리했다.

● 빌레몬서 *Philemon*

빌레몬서는 단일 주제를 다룬 아주 짧은 서신으로 바울이 쓴 것이 확실하다. 오네시모는 도망친 빌레몬의 노예로, 바울을 만났고 기독교 복음을 받아들이게 되었다. 바울로서는 어쩌면 상당히 위험한 상황이었다. 왜냐하면 도망노예는 사형에 처해질 정도로 아주 심각한 범법행위였으며, 도망노예를 잡은 사람은 즉시 주인에게 돌려주어야 하기 때문이었다. 바울이 얼마나 오랫동안 오네시모를 알고 있었는지 명확하지 않으나 분명한 것은 그가 복음의 의미를 배울 정도로 충분히 긴 시간이었다. 그가 기독교 복음을 받아들이자 바울은 그에게 주인에게 돌아가라고 일렀다.

이 서신을 쓴 바울의 의도는 빌레몬에게 오네시모를 노예로 다시 돌려받을 것과 그리스도 안에서 형제처럼 그를 대해 달라는 부탁을 하기 위해서였다. 편지는 아주 세련된 형태로 작성되었다. 빌레몬에게는 오네시모를 사형에 처할 수 있는 권한이 있다는 것을 알고 있었기 때문이었다. 그래서 바울은 빌레몬의 양심에 호소하면서 오네시모가 노예이기도 하지만 하나님 앞에서는 기독교 형제라는 점을 부각시켰다. 로마 정부의 시각으로 보면 오네시모는 죽어 마땅한 죄인이었지만 그와 그의 주인은 기독교인으로서는 예수 안에 있는 형제였던 것이다.

● 골로새서 *Colossians*

골로새서는 바울이 방문하지 않았던 교회에 보낸 서신이다. 골로새 사람 에바브라가 바울을 만나러 오면서 그곳 교회의 소식과 안부를 가지고 왔다. 이 방문객과 얼마간의 이야기를 나눈 바울은 골로새 교회에 보내는 편지를 썼다. 편지의 주요 목적 중 하나는 그 사회에 침투하고 있던 철학사상에 대한 위험을 교회 사람들에게 경고하기 위함이었다. 그 독특한 원리는 바울이 생각하기에 철학과 종교가 혼합된 그노시스적 (영지주의적)[*] 사상이 틀림없었다. 물질은 악이며 오직 정신만이 선이라는 믿음을 가지고 있는 그노시스 사상은 완전한 절대자는 악의 세계와 관련을 갖지 않을 것이기 때문에 물리적인 세계는 절대자에 의해 창조된 것이 아니라는 사상이다. 세

---

[*] **영지(靈知)주의**: 1~2세기에 로마, 그리스 등지에 널리 퍼져 있던 기독교의 이단. 영지주의자들은 기독교 신앙지식 이상의 신비적 신앙지식에 도달하려고 하였다. 이러한 태도는 신앙의 실제를 벗어나 사변(思辨)에 빠지고 말았는데, 그 결과 그리스의 철학 및 동양의 여러 종교관념과 기독교 교리와의 혼합이 생겨나, 단순 소박한 신앙심을 현혹시켰다.

계는 일련의 중간자들에 의해 존재하게 되었으며, 인간의 구원을 위해서는 그들을 믿어야 한다는 생각이었다. 바울은 예수 안에 온전한 신성이 존재하므로 중간자들에 대한 숭배는 필요가 없다고 말했다. 나아가, 그노시스 사상의 구원에 대한 개념과 연관된 금욕주의나 관능적인 탐닉도 그는 반대했다.

: 풀어보기

에베소나 로마의 감옥에서 쓴 바울의 서신은 그의 마지막 글들로 모두 신약에 담겨 있다. 그 편지들은 기독교의 의미를 가장 완숙한 사상으로 담아내고 있기 때문에 특별한 가치를 가진다. 물론 여러 교회들이 당면한 문제들을 언급하는 글이지만 그는 유난히 예수의 생애와 그 의미를 구원과 관련하여 논하고 있다. 그 편지들은 또한 기독교로 개종한 이후의 시간 동안 자신의 마음속에서 일어난 사상의 변화들을 담아내고 있다. 가장 중요한 변화는 이 후기의 편지에서는 유대교의 계시록적인 시각으로 세상의 종말을 더 이상 논하지 않았다는 점이다. 그는 그리스도의 정신을 받아들임으로써 변화될 수 있는 삶의 질을 강조했다.

바울은 만년에 이르러 역사적인 예수보다는 우주적인 예수에 대해 더 많은 이야기를 했다고 한다. 이는 지상에서의 예수의 삶이 중요하지 않아서가 아니라 하나님의 권능이 역사하였기 때문에 예수의 생애가 의미가 있고, 그럼으로써 모든 인류에게 구원의 기회를 주었다는 점을 강조하려 한 것이다.

공관복음과 사도행전

초기 기독교인들은 예수의 생애와 가르침에 대한 기록물을 가지고 있지 않았다. 예수의 공적 사역기간 동안 아무도 예수의 말과 행동에 관해 기록할 필요를 느끼지 못했던 것이다. 가까이 있던 사람들이 옆 사람에게 전하면 되었다. 그를 메시아라고 생각했던 사람들은 그가 곧 새로운 왕국을 세울 것으로 믿었다. 그때까지만 해도 그에 관해 알고 싶은 것은 모두 기억해낼 수 있었던 것이다. 그가 십자가에서 죽자 물론 그들은 무척 실망했으며, 그의 명분은 사라진 것으로 보았다. 그러고 나서 그들은 예수의 죽음에도 불구하고 그가 진정한 메시아였다고 믿기 시작했다. 이렇게 깨닫고 나자 이 땅에서의 예수의 생애를 새롭게 조명할 필요가 있었다. 죽기 전까지 그가 한 일들은 그 후 일어난 일들과 관련지어 새로운 의미를 가지기 시작했다. 믿지 않는 사람들에게는 예수가 메시아였다는 것을 증명할 증거물이 필요했으며, 믿는 사람들에게는 더욱 강한 확신이 필요했다. 초기 기독교도들은 미래의 왕국을 위한 준비작업을 마무리하러 예수가 곧 돌아올 것으로 믿었다. 땅에서의 생애에 대한 공식적인 기록이 그가 돌아오기를 기다리는 사람들에게는 큰 도움이 될 것이기에 그러했다. 시간이 지나면서 그러한 기록의 필요성은 훨씬 더 커졌다.

예수의 사후 거의 40년이 되도록 복음서가 나오지 않았다는 것은 이에 대한 신뢰성에 의문을 제기하게 된다. 더욱 상황을 복잡하게 하는 것은 복음서에 담긴 내용들이 한결같지 않다는 점과 거기에 담긴 내용들을 완벽하게 조화시킬 수도 없다는 점이다. 그들은 여러 가지 문제에서 의견이 일치했지만 그렇지 못한 부분도 많았다. 소위 '공관복음의 문제'는 복음서의 기원에 대해 설명해 줄 수 있고, 일치되는 의견과 일치하지 않는 부분의 이유를 설명해 줄 수 있는 어떤 가설을 찾자는 것이었다. 많은 다양한 의견들이 제안되었지만 그 어느 것도 신약학자들이 전적으로 받아들인 것은 없었다. 가장 많이 제시된 견해는 현재 형태의 복음서는 사건이 일어나고부터 그리 멀지 않은 시기에 기록되었던 오래된 자료에 거의 전적으로 의존하고 있다는 것이었다. 복음서의 저자들이 동일한 자료원을 사용했다면 복음서 간의 유사성을 설명할 수 있을 것이다. 마찬가지로 저자 중 어느 한 사람만 다른 자료에 의존했다면 그 차이점을 설명할 수 있을 것이다. 즉, 초기 원전은 예수와 동시대 사람들이 쓴 것이며, 그 제자들이 역사적인 신뢰성에 무게를 더하기 위해 상당부분 추가했으리라는 가설이다.

마가복음은 일반적으로 세 가지 공관복음, 즉 마태, 마가, 누가 중에서 가장 오래된 것이며, 나머지 두 복음서의 자료로 사용되었다는 것에 대체적으로 의견이 모아진다. 마가복음에 담긴 사건의 줄거리는 각각의 저자들에 의해 이어지며, 마가에 나오는 줄거리의 3분의 2 정도가 마태와 누가에서도 나타난다. 이러한 유사성은 마태와 누가의 저자들이 마가로부터 자료를 가져왔다는 증거는 아니더라도 강하게 시사하는 바가 있다. 또 마태나 누가는 각기 다른 자료도 가지고 있었다는 믿음을 갖게 한다. 그들은 모두 마가에 담긴 이야기 말고도 예수의 가르침에 대해 상당한 분량의 이야기를 추가하고 있기 때문이다. 이 추가적인 자료에 대해 설명하면, 예수의 말씀이 담긴 문서가 존재했었고, 이것이 마태와 누가의 자료가 되지 않았을까 추측한다. 학자들은 이 별개의 자료를 Q라고 부르는데, 이는 독일어 Quelle의 첫 글자에서 따온 것이며, 영어의 Source(자료원)에 해당되는 말이다. 예를 들어 마태에서 다른 복음서에는 나오지 않는 독특한 자료가 있다면 이의 저자는 자료원 M을 사용했을 가능성이 있다. 이는 누가복음에서도 마찬가지여서 학자들은 그의 특별한 자료원을 자료원 L로 표기했다. 공관복음의 기원에 대한 가설은 누가복음 서문에 확실하게 나와 있다. 여기에는 예수의 생애에 대해 쓰여진 많은 글들이 있으며, 자신은 예수에 대한 분명한 전기를 쓰는 것이 목적이라고 밝히고 있다.

마가복음

The Gospel of Marks

역사적인 관점으로 볼 때 마가는 복음서 중 가장 초기에 작성된 가장 믿을 만한 기록이다. 이는 단순히 사건 시점에 더 근접해서가 아니라 다른 복음서들보다 이들 사건에 대한 해석을 적게 담고 있기 때문이다. 마가복음의 저자는 존 마가라는 기독교인으로, 신약의 기록에 관한 한 다소 애매한 인물이다. 안디옥 교회의 지도자 중 한 사람이던 바나바의 친척으로 믿어지는 마가는 어느 전도여행에 바울과 바나바를 동행한 적이 있었고, 말년에 제자들이 로마에 머물 때 베드로와 친구가 되었다.

마가복음은 예수의 생애와 가르침 중 중요한 것들을 가장 정확히 기록하고 있다. 이런 기록은 예수가 진정한 메시아였다는 것을 증명하는, 즉 예수를 믿음으로써 사람들이 구원을 얻는다는 근거를 제공해 준다. 이 복음이 처음부터 오늘날의 형태 그대로 보존되어 왔다는 것이 그 중요성을 입증하고 있다. 비교적 짧은 마가는 그 안에 포함된 대부분의 자료들이 후에 기술된 다른 복음서에서 재생산되고 있다. 마태와 누가의 저자들은 각기 자신들의 복음에 다시 기억할 필요가 있는 마가의 내용들을 포함시킨 것으로 보인다. 이 경우 가장 오래된 복음서는 나중에 쓰여진 좀더 완벽한 것들로 대체될 법도 한 일이다. 하지만 마가복음이 살아남았다는 것은 원전으로서 후에 기독교 운동에서 가장 지도자격 교회가 되었던 로마 교회로부터 다른 복음서보다 훨씬 더 귀중하게 평가되었다는 이야기다.

비록 마가복음이 마태와 누가복음의 주요 자료원이 되었다지만 마가복음 역시 더 오래된 자료에 근거하고 있다. 충분히 믿을 만한 설에 의하면 이 중 하나가 구전이었다. 서기 140년경 교회 교부인 파피아가 쓴 문서에 의하면 마가는 자신의 복음서에 사용된 대다수의 자료를 예수의 제자 베드로에게서 들은 이야기에 의존하고 있다. 파피아의 이야기는 대부분의 신약학자들이 신뢰할 수 있는 것으로 받아들인다. 이는 마가복음 전반부에 나오는 내용을 잘 설명하고 있기 때문이다. 복음서의 이 부분은 특정 사건을 시간이나 장소를 언급하지 않고서, 또 사건의 시간적 순서를 언급하지 않은 채 비교적 독립된 이야기들로 이어가고 있다. 이야기를 기록한 순서는 분명 마가가 배열한 것이다. 복음서의 후반부는 예루살렘이나 인근에서 예수의 체포, 재판, 그리고 십자가에서의 죽음에 이르기까지 짧은 기간 동안 일어난 하루하루의 일들에 대해 비교적 자세한 설명을 담고 있다.

마가복음은 메시아의 선구자격인 세례요한에 대한 짧은 이야기로 시작된다. 그 당시 예수는 나사렛에서 갈릴리로 나와 요단강에서 요한의 세례를 받았다. 세례 이후로 하나님의 영이 예수 위에 강림하였으며, 그때로부터 예수는 생애를 사람들로 하여금 다가올 하늘의 왕국을 준비하게 하는 일에 헌신하게 된다. 그는 공적 사역에 앞서 한동안 광야에서 마귀의 시험을 받는다. 세례요한이 체포된 다음, 예수는 갈릴리에 나타나 복음을 전하면서 말한다. "하늘나라가 가까웠다. 회개하고 기쁜 소식을 믿으라!" 그는 제자들을 선발하고 나서 사람들에게 설교하며, 그에게로 데려온 병든 자를 고치는 등 열정적인 복음계획을 시작한다.

마가는 예수의 가르침 내용보다는 그가 행한 위대한 업적에 감명을 받았음에 틀림없다. 따라서 마가복음의 절반 이상이 예수가 행한 놀라운 일들을 설명하는 데 할애된다. 이들 행위 대부분은 병자를 고치는 일이었다. 예를 들면, 마가는 심한 열병을 앓던 시몬 장모의 병고침에 대해 이야기하고 있다. 한 중풍병자는 지붕에서 구멍을 뚫고 내려와 병고침을 받고 다시 걷게 되었다. 손마른 한 남자는 회당에서 예수를 만나자 나았다. 거라사의 귀신들린 사람에게서 악령을 쫓았으며, 죽어가던 야이로의 딸은 살아났다. 혈루증으로 고통받던 여인은 고침을 받았으며, 어릴 적부터 미쳤던 한 소년은 아버지 면전에서 고침을 받았다. 이러한 고침의 기적 외에도 마가는 갈릴리 호수의 폭풍을 가라앉힌 사례, 5천 명을 먹인 사례, 무화과 나무의 저주, 그리고 다른 의미심장한 사건들을 다루고 있다. 기적에 관한 많은 이야기들을 통해 다양한 주제들을 다루는 계기로 삼고 있는데, 예를 들어 씨 뿌리는 사람의 우화를 통해 예수가 그에 관해 설명을 한 것과 연관짓고 있다. 예수는 그의 가르침에서 많은 우화를 사용했으나 마가는 그것을 많이 사용하지 않고 있다.

또한 예수가 도시들을 돌며 갈릴리 지방에서 사역을 계속할 때 많은 평범한 사람들이 기꺼이 모여들어 그의 이야기를 들었다. 그러나 예수의 평이한 말투의 메시지는 유대교 원로들이나 지배계층 사람들로부터 반감을 샀으며, 그들 중 일부는 예수의 말꼬리를 잡고 교묘한 논쟁으로 그를 함정에 빠뜨리려고 했다. 마가는 예수와 바리새 및 사두개 종파 사람들과의 충돌을 여러 차례 기록하고 있다. 이러한 충돌을 통해 예수는 자신의 가장 중요한 설교를 했다. 갈릴리 지방에서 자신이 하는 일이 반대에 부딪히자 제자들을 데리고 두로와 시돈이 위치한 이스라엘 서북 지방으로 나아갔다. 갈릴리로 돌아오면서 가이사랴 빌립보를 통과할 때, 제자들은 예수에게 메시아인가 하는 의심을 제기했다. 예수는 자신이 메시아가 맞다고 하면서도 발설하지 말라고 당부했다. 잠시 고향으로 돌아온 이후 그는 제자들에게 유대의 본부격인 예루살렘으로 가서 자신의 사명을 수행할 것이라고 선포했다. 예수가 제자들에게 그곳에서 제사장과 지배자들로부터 어떤 일을 당할 수 있는지 설명해 주자 메시아에게는 그런 해악이 일어나지 않을 것이라고 믿었던 제자들은 충격을 받았다. 그들은 여전히 예수와 제자들이 천국에 들어갈 날이 가깝다는 희망을 가지고 있었다.

예루살렘 여행과 관련하여 마가는 예수의 이야기들을 많이 다루고 있다. 여기에는 부자, 젊은 관리와의 면담, 새로운 천국에서의 좋은 자리를 부탁하는 야고보와 요한에 대한 그의 대답, 사원에서 쫓겨난 환전상들에 대한 설교, 로마 정부에 세금을 내야 하는지에 대한 토론, 예루살렘 멸망에 대한 예수의 예언, 그리고 유월절 음식을 먹으면서 제자들에게 한 예수의 지시 등이다.

예수의 예루살렘 입성은 예수가 곧 새로운 왕국을 세울 것이라고 믿는 사람들에게는 기쁜 일이었다. 그러나 그 기쁨은 그리 오래가지 않았다. 제사장들과 지배자들이 예수가 그들의 목적에 적이 된다며 제거하기로 결정했기 때문이다. 마가는 겟세마네 동산에서 겪은 일을 기록하고 있다. 유다의 배반, 베드로의 세 번에 걸친 부인, 빌라도의 재판, 십자가의 죽음 등. 마가복음은 예수의 무덤을 찾아갔다가 예수가 죽음으로부터 부활했음을 발견한 여인들에 대한 짧은 이야기로 마무리된다.

마가복음은 여러 가지 면에서 독특하다. 여기에는 예수의 탄생, 유년시절, 요한의 세례를 받기 이전까지의 활동 등에 대해서는 아무런 언급이 없다. 이는 마가가 복음을 쓰던 시기의 초기 기독교인들의 경우 대부분 알고 있는 사실이었을 것이며, 마가는 그 이야기를 굳이 복음서에 넣을 필요를 느끼지 않았을 것이다. 마가로서는 예수의 생애에서 진정으로 의미가 있는 것은 세례를 받고 나서 생애를 하나님의 왕국 건설을 위한 일에 헌신하기로 한 때부터라고 생각했을 것이다.

예수는 자신이 다른 사람이 할 수 없는 일을 하는 특별한 능력이 있다고 한 번도 주장하지 않았다. 자신이 행한 이적(異蹟)들은 능력을 과시하려는 것이 아니라 하나님의 능력이 사람을 통해서 어떻게 행사될 수 있는지를 보이려 했던 것이다. 예수는 제자들에게 자신이 한 일은 제자들도 하게 될 것이라고 말했다. 그가 행한 이적들이 사람들의 관심을 끌려는 것이 아니라는 증거는 많다. 그는 사람들을 고쳐준 후에 아무 말도 하지 말라고 당부하곤 했다. 문둥병 환자를 고쳐주고서도 아무에게도 말하지 말고, 가서 가족에게 보여주라고 말했다.

마가복음에서 보면 예수는 자신이 메시아임을 빌립보에 이르기 전까지는 말하지 않았다. 메시아임을 밝히고서도 아무에게도 말하지 말라고 당부했다.

예수가 사역을 시작하면서부터 자신이 메시아임을 알았는지, 아니면 점차 깨닫게 되었는지는 분명하지 않다. 마가는 의심의 여지없이 가능한 한 객관적으로 기술했다. 그러나 예수의 생애 중 몇몇 사건은 예수 사후 30~40년이 지난 시기의 기독교인들이 수긍할 수 있는 방식으로 접근하지 않을 수 없었을 것이다. 예를 들면 많은 사람들이 예수가 전하는 메시지와 행동에 대해 확신을 갖지 못하자 예수는 불신자들에 대해, 이스라엘 민족이 하나님의 말을 듣지 못하는 것은 그들의 눈과 귀가 멀었기 때문이라는 예언자 이사야의 말을 인용해서 설명했다는 대목이다. 마가의 생각으로는 사람들이 예수의 사역을 방해한 것도 그들의 눈과 귀가 멀었던 탓으로 돌렸다.

마가는 예수가 재판을 받아 죽기 전까지의 일들을 비교적 소상하게 기록하고 있다. 이야기는 여인들이 예수의 무덤을 찾아갔다가 예수의 부활을 알고는 놀라는 것으로 마무리된다. 예수가 부활한 다음의 사건에 대해 마가가 무슨 말을 했는지 우리는 모른다. 그가 쓴 복음서의 원본 뒷부분이 사라졌기 때문이다. 지금 우리가 가지고 있는 신약의 마가복음 마지막 12절은 초기본의 일부가 아니다. 무언가 부족하다고 생각한 편집자가 추가한 것이 분명하다. 마가의 원본 중에서 마지막 부분이 사라졌다는 사실은 신약의 독자들에게 심히 불행한 일이다. 만약 추가된 부분을 빼버린다면 부활 이야기가 이야기 중간에 끼어들게 된다. 실제로도 부활 이야기는 문장 가운데에 끼어들고 있다. 마가복음은 남아 있는 이야기로도 가장 오래된 복음서로서의 가치를 충분히 가지고 있으나 원고에 있던 마지막 이야기를 알 수 없는 것이다.

마태복음
The Gospel of Matthew

마태복음은 비록 가장 먼저 기록된 것은 아니지만 으레 가장 중요한 복음서로 간주되어 신약 목록의 첫 번째로 위치하고 있다. 마가복음에 나오는 자료들 외에도 마태복음에는 방대한 분량의 예수의 말씀, 설교, 다른 어떤 복음서에서도 찾아볼 수 없는 이야기들로 가득하다. 마태는 기독교의 가장 근본적인 교리로 여겨지는 예수의 가르침에 대해 방대한 설명을 담고 있다. 이 복음서를 읽는 독자들은 복음서의 내용을 체계적으로 담아내는 방식이라든가 하는, 신약의 다른 글과 구별되는 특징에 감명을 받을 것이다. 이 복음서는 전체적으로 5개의 분야로 구성되어 있는데, 1장에 앞서 서문에 해당되는 장이 있고 마지막 장에 이어 결론이 나온다. 5개의 장은 각각 예수의 행적과 가르침에 대해 기술하는 형식으로 구성되어 있다. 각 장의 마지막은 "예수께서 말씀을 마치시다"로 끝내고 있다. 마태복음의 5개 장은 구약의 여러 부분에 나오는 장들에 대체로 상응한다.

예수의 말씀과 설교는 대부분 이전의 자료인 '예수님

말씀'이나, Q 자료, 그리고 마가에서 나오는 대화들로 구성되어 있다. 마태복음의 저자는 마가에서 기록된 사건을 순서대로 기록하고 있다. 그러나 그 이야기들 사이사이에 적절한 휴식을 두고 이야기보따리를 삽입하는 방식을 쓰고 있다. 단일 설교에 이러한 이야기를 함께 엮는 것은 마태의 편집이었다. 그 한 예가 산상설교다. 이 설교에 담긴 내용은 누가복음에도 나온다. 그러나 누가복음에서는 한 곳에 집중되어 있지 않고 도처에 흩어져 나타난다.

마태복음의 또 다른 놀라운 특징은 구약성서의 가르침에 대한 배려다. 마태가 예수의 생애에 일어났던 사건들을 구약에 나오는 예언의 완성으로 해석한 경우가 대략 15회나 된다. 마태는 기독교를 유대교와 분명한 선을 가지는 그 무엇으로 보지 않았다. 구약에서 설정된 것들의 연속이며 완성으로 생각했던 것이다. 한 순간도 그는 예수가 모세 율법에서 요구하는 것들을 바꾸거나 저버렸다고는 생각하지 않았다. 반대로, 마태는 그것을 원래의 목적에 맞추는 방식으로 보충하고 해석했다. 마태는 예수와 구약과의 사이에 밀접한 관련이 있음을 보여주고 싶은 열망으로 예수의 생애에 있었던 사건들을 구약 예언의 완성으로 언급하고 싶었던 것으로 보인다.

마태복음의 세 번째 특징은 마태의 교회조직에 대한 관심사다. 교회에 대해 직접적인 언급을 하는 유일한 복음서로 마태에 기록된 많은 가르침은 1세기 무렵 교회에서 일어나는 특수한 상황에 적절한 내용들이었다.

마태는 예수의 족보를 아브라함까지 올라가는 것으로 시작하고 있다. 그 조상은 요셉 편으로 거슬러 오르는데, 후에 저자는 요셉은 예수의 아버지가 아니라고 분명히 말했다. 족보 다음에는 예수가 태어난 곳으로 찾아온 현자들, 갓난아기를 죽이려는 헤롯의 시도, 아기를 보호하기 위한 이집트로의 피신 이야기가 나온다. 헤롯이 죽고 나서 가족은 갈릴리 나사렛에 정착하는데, 마태에 의하면 이것이 또 다른 구약 예언의 완성이라고 한다.

도입부 이야기에 이어 마태는 복음서에서 예수의 공적 활동을 마가에서와 같은 시간 순으로 이어가고 있다. 전술했듯이 이 이야기는 적절한 간격으로 끊기면서 중간 중간에 다양한 상황에서 행한 예수의 설교를 담고 있다. 이것은 마태로 하여금 예수의 가르침과 사건들을 하나의 이어진 이야기 속에서 엮어갈 수 있도록 해주는 기법이었다. 마가복음의 저자가 예수가 행한 놀라운 이적들에 가장 감명을 받았다면 마태는 놀라운 예수의 가르침에 대해 강조하고 있다. 어떤 가르침들은 내부의 제자들에게 직접적으로 하는 내용이며, 시간과 장소가 바뀌면 대중을 향해 연설했다. 이들 중에는 기꺼이 그 이야기를 듣는 사람들이 많았다. 예수는 흔히 우화를 사용했는데, 그렇게 함으로써 사람들이 알아들을 수 있는 언어로 하나님의 왕국을 설명할 수 있었던 것이다. 우화 자체가 사람들의 경험에 바탕을 둔 것이기 때문이다.

초기 기독교 역사에서 중요한 문제 중의 하나는 구약에 나오는 율법에 관해 어떤 태도를 견지해야 하느냐 하는 것이었다. 바울은 율법이 아닌 믿음에 의해 구원을 얻는다고 주장했다. 이러한 주장 때문에 어떤 기독교인들은 율법을 지키든 아니든 그것은 개인적 양식의 문제라고 믿게 되었다. 많은 유대인 출신 기독교인들은 이러한 태도에 동의하지 않았다. 마태복음의 저자도 그 중 하나였던 것으로 보인다. 그가 쓴 예수의 산상설교를 보면 예수가 말하기를, "진실로 너희에게 이르노니 천지가 없어지기 전에는 율법의 일점일획이라도 반드시 없어지지 아니하고 다 이루리라."(5:18) 그는 또 이렇게 말

했다. "그러므로 누구든지 이 계명 중에 지극히 작은 것 하나
라도 버리고 또 그같이 사람을 가르치는 자는 천국에서 지극
히 작다 일컬음을 받을 것이요 누구든지 이를 행하며 가르치
는 자는 천국에서 크다 일컬음을 받으리라."(5:19) 어떤 학자
들은 이 마지막 문장을 두고 그것이 바울과 그의 제자들을 직
접 겨냥한 것으로 보고 있다. 이에 관해 우리가 확인할 방법은
없다. 한 가지 분명한 것은 마태가 다른 저자들에 비해 유대교
에 훨씬 더 호의적이었다는 점이다. 예수를 찾아와서 귀신들
린 딸을 위해 도움을 애걸하는 가나안 여인의 이야기에서 예
수는 그 여인에게 말한다. "나는 이스라엘의 잃어버린 양에게
로 보냄을 받았다." 여인이 대답했다. "그렇습니다, 주여. 그러
나 개도 주인의 식탁에서 떨어진 빵부스러기를 먹습니다." 예
수는 그녀의 믿음을 칭찬하면서 딸의 병을 고친다.

　　　이 여인과 딸의 이야기는 마태복음의 한 측면만을 나타
내고 있다. 다른 많은 글에서는 복음이 단지 유대인만이 아닌
모든 사람을 위한 것임을 나타내고 있다. 포도농장 주인이 소
작인에게 세를 주고, 농작물의 수확을 위해 하인들을 남겨두
고 자신은 다른 나라로 여행을 떠나는 우화에서, 우리는 복음
의 범위가 이방인들까지 포함된다는 것을 분명히 알 수 있다.
이 우화에서 하인들은 소작인들에게 두들겨 맞고 돌에 맞고
심지어는 죽임을 당하기까지 한다. 그러자 주인은 아들을 보
내어 수확물을 거두려 하지만 소작인들은 그 아들을 보자 포

도농장 밖으로 쫓아내어 죽여 버리는데, 이는 분명히 예수가 유대인 적들에 의해 죽임을 당할 것임을 보여주고 있다. "저희가 말하되 이 악한 자들을 진멸하고 포도원은 제때에 실과를 바칠 만한 다른 농부들에게 세로 줄지니이다."

마태는 하나님의 법률은 영원하며 기독교인이나 유대인이나 모두 지켜야 하지만 형식적인 복종만으로는 충분하지 않음을 알고 있었다. 이러한 인식은 산상설교 여러 곳에서 다음과 같은 표현을 빌려 논의하고 있다. "너희는 이러한 말을 들었을 것이다… 그러나 내가 말하건대…….." 각 사례에서 대비적으로 강조되는 것은 나타나는 행위가 아니라 행위 뒤에 놓인 동기의 중요성이다. 이 점은 예수가 서기관과 바리새인들과 나눈 대화에서 다시 강조된다. 먹고 마시는 것에서 어떤 규칙을 따라야 한다는 주장에 대해 예수는 마음의 내적인 동기가 먹는 것에 관한 관습의 규정보다 훨씬 중요하다는 것을 분명히 하고 있다.

초기 교회는 하나님의 왕국의 도래에 대해 두 개의 다른 희망을 가지고 있었다. 하나는 엄격히 미래의 일로 이 시대의 종말에 이룩되겠지만 이 땅의 왕국이 멸망하기 이전까지는 아니라는 것이었다. 다른 견해는 사람들의 마음속에 올바른 정의와 목적이 자리하고 있으므로 그 왕국은 이미 존재한다는 것이었다. 마태복음에서는 어떤 글들은 각각의 견해를 지지하고 있다. 아마도 저자는 지금 당장의 세계는 좀더 완벽한 세상을 만들기 위한 일종의 준비기간이라고 생각함으로써 두 개의 상반된 믿음이 조화될 수 있을 것으로 생각했다. 앞으로 있을 예루살렘 도시의 멸망에 관한 예수의 말씀을 예수의 재림 및 세상의 종말과 동일하게 다루는 장에서 우리는 예수의 재림이 아주 가까이 있다는 것을 암시하는 일련의 신호를 찾아볼 수 있다. 이러한 신호는 여러 곳에서 일어나는 전쟁, 전쟁에 관한 소문들, 기근과 지진 등이 포함된다. 태양과 달은 빛을 잃을 것이며 별들은 하늘에서 떨어질 것이다. 복음이 세상 모두에게 전해지면 종말이 올 것이다. 예수는 권능과 큰 영광을 가지고 하늘 구름을 타고 땅으로 내려올 것이다. 그때는 영원한 하늘나라가 이룩된다.

마태복음은 예수가 부활해 제자들 앞에 나타나는 것으로 끝을 맺는다. 그 주간의 첫째 날 이른 아침, 막달라 마리아와 또 다른 마리아가 예수가 묻힌 무덤을 찾는다. 그들 앞에 천사가 나타나 예수가 살아났다며 예수의 시체가 있던 곳을 찾아보라고 말한다. 여자들은 예수가 갈릴리에서 제자들을 만나겠다는 말을 전해달라는 부탁을 받는다. 예수를 배반했던 유다가 죽었으므로 제자는 열한 명만 남았다. 제자들은 지시대로 갈릴리에서 예수를 만났고 예수는 그들에게 지시했다. "그러므로 너희는 가서 모든 족속으로 제자를 삼아… 내가 세상 끝날 때까지 너희와 항상 함께 있으리라."

누가복음
The Gospel of Luke

누가복음과 사도행전은 밀접하게 연관되어 있다. 동일 저자에 의해, 동일한 목적으로 쓰여진 이 둘은 데오빌로라는 이름의 기독교인에게 전해진 것으로, 그에게 완벽하면서도 전적으로 믿을 수 있는 기독교 운동의 초기 역사를 이야기해 주려는 목적에서 쓰여졌다. 복음서 서문에서 그는 예수의 생애에 대한 많은 복음서들이 증언자의 보고 형식으로 쓰여졌음을 말하고 있다. 그러한 설명들이 여러 모로 마음에 들지 않았던 그는 기록들을 분석하고 관심을 가지는 모든 사람들에게 기독교가 제시하는 것에 대해 확신을 줄 수 있는 글을 쓰는 작업에 착수했다. 누가복음의 첫 문장은 신약을 읽는 독자들에게는 특별한 정보가 된다. 거기에는 여기서 쓰인 누가의 두 가지 기술 방식에 대해 설명하고 있기 때문이다. 누가는 자신이 사용하려는 자료를 평가한 후 자신이 생각하기에 가장 적절한 방식으로 보충했다. 복음서를 쓰면서 다양한 자료로부터 모은 정보를 단순히 짜 맞춘 것이 아니라 완벽하고도 통합적인 설명이 되도록 정보를 선별하고 체계화한 것이 그의 공헌이었다.

누가가 적어도 서로 다른 세 가지 자료를 사용했다는 것은 분명하다. 그것은 마가복음과 "예수의 말씀집"으로 알려진 자료 Q, 그리고 다른 자료들과 구분하기 위해 L이라고 명명된 세 번째 자료다. 누가가 이야기를 쓸 당시 마태복음이 존재했을 가능성이 높다. 그러나 그가 마태복음의 존재를 알았거나 이용했다는 증거는 없다. 누가는 바울의 친구였으며, 기독교 내부의 다른 집단들이 알고 있는 예수의 생애에 대한 서로 다른 해석들을 잘 알고 있었다. 다양한 집단 간의 차이를 최소화하고 교회 내부의 조화를 도모하려는 것이 그의 목적이었다. 그는 교회 밖에 있는 사람들에 의해 제기되는 기독교 비판에 대해서도 잘 알고 있었다. 그래서 예수는 혁명가이며 따라서 로마 정부에 적대적이라고 주장하는 사람들에 대해 효과적인 대답을 해줄 필요가 있었다. 자신의 독자들에게 예수의 생애와 가르침에 대한 권위가 실린 이야기를 전하기 위해 그는 예수에게 제기된 고발은 거짓이라는 것을 보여주려 했다. 그는 사람들이 만약 예수가 사람들을 만날 때 보여주는 친절과 호의적인 태도를 안다면 예수의 놀라운 인격에 끌릴 것이라는 사실을 확신했다. 누가는 글 쓰는 능력이 탁월했기에 그의 복음은 신약 중에서도 가장 매력적이라고 말하기도 한다.

복음의 첫 장에서 누가는 예수의 탄생과 유년시절의 이야기들을 들려준다. 여기에는 요한과 예수의 탄생을 스가랴와 마리아에게 알려주는 이야기, 밤에 양을 지키던 양치기들이 태어난 아기에게 경배를 하러 왔다는 이야기가 포함되어 있다. 요셉과 마리아의 베들레헴 여행, 그리고 '여관에 방이 없어' 강보에 싸인 채로 구유에 눕힌 아기 이야기도 나온다. 여드레 후 아기는 할례를 받고 그 후 시몬과 안나로부터 축복을 받는다. 그런 이야기들은 다른 복음서에서는 나오지 않기 때문에 그가 이전의 자료에서 본 것인지 구전되는 이야기인지 알 수가 없다. 누가에는 또 신약에서 유일하게 예수의 소년시절 이야기가 나온다. 예수는 열두 살 때 유월절 행사에 참석하기 위해 부모와 함께 예루살렘으로 간다. 돌아오는 길에 아들이 보이지 않기에 성전으로 돌아가 보니 예수는 저명한 유대교 랍비들과 깊은 토론을 벌이고 있었다.

서장에 이어서 누가는 마가복음에 기록된 사건들의 개요를 이어간다. 그러나 그는 마태가 한 것처럼 마가의 이야기를 그대로 따르지는 않는다. 때때로 자의로 어떤 자료는 빼기도 하고 대체하기도 한다. 이를테면, 갈릴리 사역 초기에 있었던 예수의 선언 대신에 유대교 회당에서 있었던 예수의 설교를 넣는 식이다. 누가는 다른 복음서에는 나오지 않는 예수의 가르침을 상당수 수록하고 있다. 만약 그와 마태가 동일한 Q 자료를 이용한 것이라면 마태보다 누가가 더 많은 자료를 사용한 것이다. 선한 사마리아인, 성전으로 기도를 하러 가는 세금징수원와 바리새인, 부자와 나사로, 잃어버린 동전, 방탕한 아들, 정직하지 못한 청지기, 곡식을 보관하기 위해 더 큰 곳간을 짓는 바보스러운 부자, 예수를 보려고 나무에 오르는 삭개오의 우화 등은 누가에서만 나온다. 이 각각의 우화와 이야기들은 예수가 한 일의 가장 중요한 성격이 무엇인가를 보여주려는 것으로 보인다. 예수는 로마 정부에 반기를 들려고 하지 않았으며, 유대인들이 이방인이라고 생각하는 사람들에 대해 이해가 없었던 것도 아니다. 예수는 인종이나 국적에 상관없이 인간성을 가장 중시했다. 예를 들면, 많은 유대인들은 사마리아인들에게 호감을 갖지 않지만 예수가 고친 열 명의 문둥병자들 중에서 단 한 사람 사마리아 사람만이 감사를 했다는 점을 누가는 강조한다. 또 다른 우화에서는 한 남자가 여리고로 가는 길에 도둑의 무리를 만났을 때 한 사마리아인이 호의를 베풀어 그를 친절히 돌보아준다.

　　복음을 통해 누가는 예수는 유대인뿐만 아니라 사마리아인, 그리고 소위 다른 인종과 민족 출신의 사람들에게도 친구였다는 사실을 강조한다. 9장-18장은 흔히 누가가 삽입한 것으로 언급되는데, 여기에서 그는 마가의 이야기에서 나오는 순서를 벗어나 예수의 가르침 중에서 가장 중요한 부분을 상당량 삽입하고 있다. 여기서 우리는 예수가 왕국의 메시지를 다른 지역으로 전파하기 위해 '70명'을 파송하는 기사를 접하게 된다. 70이라는 숫자는 각별한 의미가 있다. 모세5경에서는 그 숫자가 지구상에 있는 나라의 수를 가리켰다. 누가는 예수의 사명이 유대인뿐 아니라 전 인류를 위한 것임을 분명히 하고 싶었다. 예수와 삭개오의 대화를 쓴 것을 보면 "인자의 온 것은 잃어버린 자를 찾아 구원하려 함이니라"(19:10)로 표현되어 있다. 복음서 서문에서 누가는 마태와 마찬가지로 예수의 족보를 추적하고 있다. 이는 예수 사명의 범 세계성을 강조하려는 것으로 보인다. 마태가 유대인의 조상인 아브라함까지 조상을 추적하고 있음에 비해 누가는 인류의 조상인 아담까지 추적한다.

누가는 예수가 제자들과 예루살렘 멸망과 세상 종말에 관해 나눈 이야기를 기술하면서 다른 복음서 저자들처럼 그때가 가까웠음을 강조하지 않았다. 복음서 마지막 부분에서 그는 예수를 십자가에서 죽게 한 사건에 관해 예수는 유대인이나 로마 정부에 죄가 없었음을 강조하고 있다. 로마 총독 빌라도는 예수의 무죄를 선언했으며 로마의 백부장은 다음과 같은 말로 예수의 처형을 반대했다. "진실로 그는 의인이었도다."

복음서는 예수의 부활과 뒤이은 예수와 제자들, 그리고 여러 사람들과의 만남을 설명하면서 끝을 맺는다. 두 사람이 엠마오 마을로 갈 때 예수가 동행하지만 예수가 그들과 함께 식탁에 앉아 그들이 먹으려는 식사에 대해 감사할 때까지 그들은 그를 알아보지 못했다. 나중에 예수는 예루살렘에서 열한 명의 제자들과 만나 손과 발을 제자들에게 보여주어 그 두 사람의 의심을 푼다. 그들이 생선을 요리하자 예수는 함께 식사에 동참한다. 다음에 제자들과의 마지막 대화가 이어진다.

예수는 그 둘이 해야 할 일들을 지시한다. 그 후 그들은 베다니까지 함께 가며, 제자들에 대해 축복을 한 다음 헤어진다.

마태복음이 유대적인 생각을 담고 있다고 해서 유대의 복음이라고 부른다면 누가복음은 이방인의 복음이라고 해도 좋을 것이다. 예수의 생애와 가르침에 대한 설명에서 어느 것도 온전히 유대적이라거나 이방인적이라고 말할 수는 없지만 관점에서는 영향을 받은 게 사실이다. 누가는 이방인들의 전도사로 알려지고 있는 바울의 친구였으며, 기독교를 보편적인 종교로 보는 바울의 해석이 유대인과 이방인들의 벽을 허문 것이 사실이다. 그는 모든 인간은 죄인이며, 구원이 필요하다는 점을 강조했다. 예수는 하나님의 권능이 사람의 삶에 무엇을 가능케 해줄 수 있는지를 보여주는 특별한 사례다. 이 점이 누가에게 큰 감명을 주었으며, 그의 복음서 전반에 걸쳐 나타나고 있다. 누가가 예수의 족보를 거슬러 올라가면서 아브라함이 아닌 아담까지 올라간 것은 예수를 히브리족이 아닌 전 인류의 대표로 본 것이다.

유대인과 이방인들이 대립되는 곳에서는 누가는 이방인들에게 좀더 호의적이었다. 이는 누가가 유대인들에게 배타적이었다는 것이 아니라 하늘나라의 자격은 인종이나 종교적 배경이 문제가 아니라 어떤 삶을 살았느냐에 좌우된다는 것을 말해 주는 것이다.

바울은 흔히 기독교 신비주의자로 언급되고 있다. 구원은 오직 개인과 하나님의 결합으로만 가능하다고 믿었던 그의 확신 때문이었다. 예수에게서 그랬듯이 성령이 마음속에 거하면 그는 하늘나라에 속하는 자다. 그러나 계시론적인 유대교에서는 미래에 있을 하나님의 왕국은 사람의 아들이 하늘에서 내려오는 미래의 일로 보고 있다.

누가복음은 이 두 가지 생각을 혼합하고 있다. 누가는 마태처럼 마가복음의 계시론 부분을 활용하면서도 조금의 변형을 가하고 있다. 세상 종말에 대해 그리 강조하지 않고 있으며, 하늘왕국은 이미 존재하고 있다는 생각도 가지고 있었다. 누가는 종말이 올 것이라는 계시론적 관념을 버리지 않았으면서도 삶의 질이 다가오는 미래의 왕국에서 중요하다는 것을 강조했다.

누가복음은 1세기 말경, 85~90년 사이에 쓰여진 것으로 보인다. 당시 기독교는 세계적인 운동이 되어 있었다. 예루살렘에서 출발한 기독교 운동은 로마까지 퍼졌다. 그러자 이에 대한 관심과 함께 반대도 커지기 시작했고, 이 운동의 창시자가 로마 정부를 무너뜨리려는 위험인물이라는 소문도 퍼졌다. 이에 누가는 예수가 절대로 그런 사람이 아니라는 것을 강조하고 싶었다. 예수는 로마 정부와 어떤 충돌도 일으키지 않았으며, 빌라도와 로마 백부장도 예수의 무죄를 선언했다는 점을 부각시켰다. 빌라도가 예수의 유죄를 선언한 것은 유대인들의 압력 때문이었다. 예수의 사역은 모두가 조용히 평화적인 방법으로 행한 것이다. 그는 가난한 자와 추방당한 자들의 친구였으며, 어떤 정치적 야망이나 의도도 없었다.

누가는 예수와 그의 행적에 대한 반대가 초기 갈릴리 사역에서부터 비롯되었으며 나사렛의 유대 교회에서 있었던 예수의 설교에 대해 표출되었음을 보여주고 있다. 유대교의 형식주의와 위선에 대한 예수의 강력한 비판이 그의 박해로 이어졌으며, 예수가 정부에 불충을 저지르고 있다는 거짓 죄목을 만들기에 이르렀다.

예수는 유대인들이 적대시하던 사마리아인이나 다른 이방인들에게 처음부터 너그럽고 인간적이었음을 보여주고 있다. 예수는 겸손한 사람들에게, 그들이 유대인이건 이방인이건 간에, 결코 칭찬을 아끼지 않았다. 누가가 복음을 쓸 당시 그리스도의 영은 기독교 교회생활의 지침이 되어 있었다. 이는 예수가 공적 사역을 하는 기간 동안에 자주 언급했던 성령이었다.

사도행전
Acts of the Apostles

사도행전은 누가복음에 나오는 이야기가 이어지는데, 그것이 특히 중요한 이유는 기독교 교회 역사에서 가장 먼저 쓰여졌기 때문이다. 사도행전은 예수의 부활에서부터 사도 바울의 죽음까지의 것으로, 기독교 사상과 신앙이 형성되고 교회 조직이 세계적인 운동으로 전개되던 기독교 역사에서 아주 중요한 시기에 관한 것이다. 이러한 배경만으로도 이 복음서와 그 이후의 신약을 이해할 수 있을 것이다.

이 책은 '사도들의 행적'으로 불리는데, 초기 열두 제자에 관한 이야기가 거의 나오지 않기 때문에 이름을 잘못 붙인 게 분명하다. 베드로 이야기가 어느 정도 나오고, 요한과 빌립이 언급된다. 그러나 이 책의 절반 이상은 바울과 그가 관여한 기독교 운동에 관한 것이다. 이 책의 저자에 대해 학자들의 의견이 엇갈린다. 누가가 일부를 쓴 것에 대해서는 의문이 없지만 '우리'가 나오는 대목에 이르면 누구를 가리키는지 의문이 든다. 누가 이외의 다른 사람이 여기에 관여한 것일까? 분명한 대답이 없지만 원문을 쓴 것은 누가가 맞는 것으로 보인다.

그러나 오늘날의 최종 형태가 나오기 이전의 편집과정에서 추가되었을 가능성이 아주 높다.

행전은 28장으로 구성되어 있다. 이 중 처음 12개 장은 예수가 마지막으로 제자들을 만나는 시간부터 바울이 기독교 선교를 시작하는 기간 사이를 기록하고 있다. 나머지 16장은 바울의 안디옥 교회 방문으로 시작하여 로마 정부의 죄수로서 로마에 거하는 이야기로 마감된다. 이 책의 첫 장에는 예수의 승천, 예수를 배신한 유다 후임 제자의 선발, 오순절과 방언, 그때에 행한 베드로의 설교, 예루살렘 성전에서의 베드로와 요한의 체포, 거짓증언의 죄로 죽임을 당한 아나니아와 삽비라, 스데반이 돌에 맞아 죽음, 빌립과 내시의 만남, 그리고 이어지는 세례, 다메섹으로 가는 길에 바울의 개종, 백부장인 고넬료와 베드로의 방문 등이 나온다. 우리에게 초기 기독교 사회의 활동에 관한 안목을 열어주는 것 외에도 복음서가 쓰여지기 이전 기독교인들의 예수에 대한 믿음을 보여주고 있다는 점에서 특히 가치가 있다.

고린도 교회에 보내는 바울의 서신이 기독교 신앙에 대해 가장 최초로 기록한 글이다. 바울은 예수의 생애에 관한 사실들과 그것이 기독교인의 믿음에 끼치는 중요성에 관해 직접적인 계시를 받은 바 없다고 말한다. 다만 그는 다른 사람들이 자기에게 이야기해 준 바를 그 교회의 교인들에게 전해 주고 있는 것이다. 이런 언급으로 보면 기독교 사회의 예수에 대한 핵심적인 신앙은 이미 형성되어 있었으며, 그 이전에도 설교에 포함되어 있었다는 추론이 가능하다. 사도행전 첫 장을 보면 이들의 믿음에 관해 명확한 정보가 담긴 여러 개의 설교가 나온다. 이 설교들은 기록물이 없던 당시 케리그마, 즉 초기 기독교인들의 원시 복음서로 불린다. 예를 들면 120명 군중 앞에서 행한 베드로의 설교, 오순절에 그가 행한 또 다른 설교, 세 번째로 예루살렘 성전 앞 솔로몬의 회랑에서 행한 그의 설교가 있다. 스데반이 돌을 맞을 때 행한 설교는 상당한 분량으로 알려지고 있으며, 빌립이 자신이 세례를 준 내시에게 내린 지시와 고넬료와 베드로의 대화, 그리고 예루살렘의 기독교 지도자들에게 보낸 그의 글에 대해 우리는 알고 있다. 사도행전의 마지막 절에는 바울의 설교 다수가 상당히 자세하게 기록되어 있다. 이러한 기록으로부터 어느 정도 정확하게 기독교 교회의 원시 설교집이 구성되었다.

돌에 맞는 스데반 이야기는 바울이 다메섹으로 가다가 개종하는 사건에 어느 정도 영향을 끼치게 된다. 13장부터 마지막까지는 바울의 전도여행과 여러 교회에서의 경험을 비교적 자세히 다루고 있다. 15장에서는 할례 문제를 다루는 예루살렘 평의회에 관해 기록하고 있다. 이 회의 결과와 관련된 누가의 설명이 갈라디아서에서 바울이 기록한 같은 회의의 내용과 모두 일치하지는 않는다. 바울은 회의 참석자였으며 누가는 전해들은 사람이었기에 갈라디아서에 무게를 두어야 할 것

이다. 누가는 기독교 사회가 일치되기를 간절히 바랐던 사람이기에 상반된 견해의 대립이 최소화되기를 열망했다. 그에게는 그 문제가 모두에게 만족스럽게 종결되지 않을 수 없었던 것이다.

사도행전 마지막 부분에서는 바울의 마게도냐 방문을 다루고 있다. 빌립보에 있는 동안에 바울과 일행 실라는 투옥된다. 그들은 지진이 감옥을 흔든 후 풀려났고 바울의 주장으로 도시를 안전하게 빠져나올 때까지 군사의 호위가 따랐다. 아데네와 고린도에서의 바울의 경험과 에베소에서 아마도 2~3년 정도 머물면서 바울이 한 일도 언급하고 있다. 그 시기

는 바울이 마지막 예루살렘 여행에서 그곳의 가난한 기독교인
들의 구제를 위해 나눠주고 싶은 선물을 여러 교회로부터 모
금하는 기간이었다.

그곳에서 그는 성전에서 폭동을 일으켰다는 이유로 고
소되었다. 바울은 자신의 변호를 위해 조금 긴 이야기를 했다.
40명의 남자들이 바울의 살해음모에 가담했지만 한 친구가
바울에게 그것을 알려주었고, 바울은 로마 관리에게 보호를
요청했다. 로마 관리는 그의 말을 들어 바울에게는 가이사랴
에 있는 로마 정부의 영지인 피난처로 보냈다. 가이사랴에서
는 벨릭스와 아그립바 앞에서 청문회가 열렸으며, 바울에게는
두 사람 각각에게 자기변호를 할 수 있는 기회가 주어졌다. 자
신의 사건을 가이사 법정에서 재판받게 해달라는 바울의 요청
으로 로마 이송이 허락되었다. 로마로 가는 길에 배가 난파되
었지만 결국 로마에 도착했으며, 죄수의 신분임에도 많은 자
유를 누리는 후대를 받았다. 그 후 재판을 받아 유죄가 확정되
었고, 처형되었다.

누가는 사도행전을 쓰면서 기독교 운동의 초창기부터
세계적인 규모로 확장되는 과정을 추적하고 있다. 기독교 운
동 전반을 다루는 것은 불가능했으므로 그는 가장 중요하다고

생각되는 사건들, 이 운동의 전반적인 성격을 규정하는 데 충분하다고 생각되는 사건들을 선별했다. 바울의 친구이기도 했던 그는 바울이 하는 일을 누구보다도 잘 알고 있었다. 또 여러 도시로 복음을 전하는 바울의 역할이 얼마나 중요한지, 그리고 기독교를 유대교와 별개의 운동이 아닌 유대교의 발전형태로 보는 유대출신 기독교인들의 관점도 잘 알고 있었다. 그는 빈번한 충돌을 일삼는 이들 집단의 화해를 원했다. 그런 점에서 본다면 그는 초기 기독교 운동의 문제해결사였다.

그가 기록한 모든 것이 편향되지 않았다고 말할 수는 없으나, 그럼에도 누가는 큰 업적을 남겼고, 신약에 포함된 그의 글이 전반적인 과제를 이해하는 데 큰 기여를 하고 있다.

누가가 정리한 초기 기독교의 설교와 방대한 분량의 문서들은 초기 교리서 '케리그마'를 구성했으며, 이러한 관점에서 복음서들이 쓰여지게 된다. 기독교가 유대교의 핵심적인 관점을 버리지 않으면서도 이방인들에게 전파될 수 있는 방법에 관한 누가의 설명은 통합에 크게 기여했다. 예루살렘에서 바울의 체포와 재판 등은 공정한 시각으로 보면 분명 바울을 옹호하고 있다. 마지막 부분에서 독자들은 가이사 법정에서의 바울의 재판 이야기를 기대했을 것이나 이것이 빠지고 갑자기 이야기가 종결된다. 나머지 이야기도 기술하려고 했으나 하지 못했다는 전언도 있지만 알 수는 없다. 그럼에도 누가는 자신이 쓴 두 개의 이야기로 적지 않은 기여를 하고 있다.

목회 서신들

　　신약에는 목회자들에게 보내는 세 통의 짧은 편지가 실려 있다. 전해지는 이야기로는 이들은 모두 바울이 로마 감옥에 있을 때 쓴 것이 아닌가 한다. 두 통의 편지는 소아시아에 있는 루스드라 마을의 디모데라는 젊은이에게 보내는 것이었는데, 바울이 그곳을 방문하기 이전에 그의 부모가 기독교를 믿고 있었다. 디모데는 바울의 선교활동에 합류하여 바울이 로마 감옥에 갇히자 그의 사역을 이어받은 사람이었다. 세 번째 편지는 이방인 부모에게서 태어나 기독교인이 된 청년 디도에게 보낸 것으로, 바울과 바나바가 회의 참석을 위해 예루살렘으로 갈 때 그들을 수행하도록 안디옥 교회에서 파견한 사람이다. 디모데에게 보낸 서신에는 어떤 상황에서 쓴 것인지 언급하고 있지 않으나 디도에게 보낸 서신에서는 바울이 감옥에 있다는 언급이 나온다.

　　신약학자들은 적어도 지금 형태대로의 편지가 바울이 썼는지 아닌지에 대해 의견이 분분하다. 바울이 저자가 아니라고 믿는 부분적인 이유는 편지의 형식과 구사하는 어휘 때문이다. 우리는 바울이 쓴 이전의 형식들과 전혀 다르다는 것을 알 수 있다. 바울이 그처럼 자주 사용하던 신학적인 개념들도 보이지 않는다. 바울이 쓰지 않았으리라는 주장의 좀더 중요한 이유는 이 편지가 전제로 하는 교회조직의 서열이 바울 시대에는 존재하지 않았다는 것이다.

●디모데 전·후서 *1 and 2 Timothy*

전서 디모데 전서는 예배와 교회행정을 지시하기 위해, 그리고 교회에서의 거짓 가르침을 경계하기 위해 쓰여진 것이다. 예배에 어떤 형식을 지킬 것이며, 또 어떤 행동을 엄격히 금해야 할지 등이다. 왜냐하면 교회에서 감독과 집사를 임명하지 않을 수 없는데, 그 자리가 존경받을 수 있으려면 그 자리에 맞는 사람을 선발하는 데 아주 세심한 주의가 필요하기 때문이다. 감독직은 비난을 받는 사람이어서는 안 되며, 절제심이 있고, 권위를 지니고, 성품이 온화하고, 돈을 사랑하는 사람이어서는 안 된다. 집사도 진지해야 하고, 탐욕이 없고, 모든 행동에 양심적이어야 한다. 그들은 우선 시험을 거쳐야 하며, 흠 없는 사람만이 그 직무를 행하도록 허용해야 한다.

그 편지에서는 특별히 그노시즘(영지주의)과 관련된 거짓 믿음과 관행을 경계하고 있다. 예를 들면, 저자는 육체적인 욕구를 극복하기 위한 노력에서 그노시즘 일단이 제기하는 금욕주의와, 그와는 반대로 관능주의에 빠지는 것도 동일한 목적을 달성할 수 있다는 가르침을 지적한다. 금욕주의와 탐욕주의 모두 물질은 악이며 정신만이 선이라는 그노시즘의 개념에 기초를 두고 있다. 기독교인들에게는 그노시즘이 구원에 필수적이라고 여기는 특수한 지식의 일부인 무신론적 신화에 미혹되지 말라고 경고한다. 이 편지는 종교를 통해 이익을 얻고자 하는 사람들을 책망하고 있으며, 기독교인들에게 과부와 장로와 노예를 대하는 태도를 지시한다.

후서 노련한 전도자가 기록한 디모데 후서는 디모데에게 성공적인 복음 전도자가 되기 위해서는 인내가 가장 중요한 자질 중 하나라는 것을 깨달아야 한다고 말한다. 분명히 기독교 목회자들에게 교회 내부의 상황은 어려워지고 있었다. 디모데는 굳건히 서서 자신의 내부에 자리한 하나님의 은사를 다시 불태우지 않으면 안 되었다.

그는 필요하다면 어려움을 참아내고 훌륭한 하나님의 병사처럼 행동해야 했다. 그는 자신에게 맡겨진 과업을 행하려면 용기와 겸손 두 가지를 모두 가져야 했고, 거짓 사상과 관련하여 저속한 것들을 멀리하고 거짓 사상으로부터 진리의 말씀을 구별할 수 있다는 것을 보여주어야 했다. 그는 이제 생애의 마지막을 맞아 의의 면류관을 쓰려는 바울의 사례에서 도움과 영감을 얻을 수 있을 것이다. 편지는 교회 구성원들에게 보내는 개인적인 안부로 끝맺고 있다.

● 디도서 *Titus*

디도서는 3장으로 구성되어 있다. 디모데 전서의 내용과 비슷한 이 편제에서는 감독직의 자격요건과 교회원로들의 임명에 관한 지시를 담고 있다. 감독직은 하나님의 집사이므로 흠이 없어야 하고, 친절해야 하고, 감정을 절제할 수 있어야 하고, 건방지거나 멋대로이거나 난폭해서는 안 된다. 그는 하나님의 말씀을 단단히 잡고서 건전한 교리로 가르침을 주어야 한다. 교회 구성원인 남자, 여자를 다루는 데 감독자나 직분을 맡고 있는 원로들은 회중을 진지하고, 절도 있고, 분별 있고, 건전한 믿음과 사랑과 의연함으로 가르쳐야 한다. 여자에게는 남편과 자녀를 사랑하도록 가르쳐야 한다. 젊은이들에게는 절제하도록 가르쳐야 한다. 노예들에게는 주인에게 복종하도록 가르쳐야 하며, 기독교인들은 미움과 말다툼을 피해야 한다. 그들에게는 예수 안에서 하나님의 은총으로 유순함과 부드러움과 예의바름이 장려되어야 한다.

● 에베소서 *Ephesians*

에베소서는 엄밀하게는 목회서신이라고 부르기 어렵다. 어느 특정 교회의 목회자에게 보낸 것이 아니기 때문이다. 이 편지는 오랫동안 바울이 쓴 것으로 추정되었으나 그 증거가 없다. 편지 자체에 담긴 정보를 보면 바울의 사후에 아마도 작성자의 권위를 높이기 위해 바울이 쓴 것처럼 보이기를 원하는 그의 제자 중 한 사람이 쓴 것임을 강하게 시사하고 있다.
바울이 에베소 교회에 약 3년 동안 있었기에 아마도 개인적으
로 친한 사람도 있었을 터이지만 편지에는 특정인에게 보내는
인사가 없다.

　　　바울의 거의 모든 편지에서 발견되는 유대교의 율법주
의에 대한 논의도 없다. 바울이 그 편지를 쓰지 않았다는 가
장 강력한 주장은 교회의 기초로 사도와 예언자들을 언급했다
는 사실이다. 바울은 언제나 예수 그리스도를 제외하고서 다
른 교회의 기초는 없다고 말했다. 그 편지는 교회조직이 바울
이 살았을 때보다 훨씬 더 커진 다음에 쓰여진 것이 분명하다.

　　　그 편지에는 두 가지 주제가 상세히 기록되어 있다. 예
수 안에서 모든 것의 통일과 기독교 교회는 이 땅에서의 그 통
합의 상징이라는 점이다. 예수의 생애는 세상 창조 이후 존재
해왔던 하나님의 목적을 나타낸 것이다. 수세기에 걸친 불화
는 인간의 죄 때문이다. 예수의 지상의 삶에서 드러나게 된 성
령이 이 불화를 치유하고 처음의 조화를 회복할 수 있는 방법
을 보여주었다. 인간의 삶에서 악을 극복함으로써 인간과 하
나님 사이의 화합뿐 아니라 이 세상과 하늘의 모든 것의 화합
을 얻을 수 있다. 그러므로 하늘과 땅 사이에 놓인 어떤 힘, 예
를 들면, 그노시즘에서 가르치는 것 등을 믿을 필요가 없다.
인간 예수를 통해서 유대인과 이방인들 사이의 화목이 이루어
졌다. 한때 하나님의 사람들과 헤어져 우주의 악의 세력들에

종속되어 있었던 이방인들은 지금은 예수를 통해 구원을 얻고 하나님의 자녀들과 하나가 되었다. 사도와 기독교 예언자들의 가르침을 통해 새로운 하나님의 식구가 창조되었다. 교회는 하나님의 목적에 관해 증거가 되고, 모든 인종과 국가를 하나로 묶어 하나님이 성령으로 말미암아 거하시는 단일 공동체를 만들라는 부름을 받았다. 편지는 이러한 화합을 이루어낼 교회 구성원들에 대한 윤리적인 지침으로 마감하고 있다. 교회는 예수의 보이는 몸이기에 세상에서의 사명을 완수하는 데 사랑의 결속으로 강하게 자라나지 않으면 안 되기 때문이다.

: 풀어보기

목회서신을 직접 바울과 관련지을 수는 없지만 바울의 영향력이 곳곳에서 풍기고 있다. 이 편지들이 특별히 귀중한 이유는 초기 교회조직의 형태를 나타내고 있기 때문이며, 이것이 변형되어 오늘날에 이른다.

종교적인 관점에서 보면 바울이 쓴 것에 견줄 수는 없다. 가장 큰 차이는 바울의 글에서 항상 강조되는 기독교 신앙과 기독교인들의 생활의 관계가 목회서신에서는 별로 언급되지 않고 있다는 점이다. 영혼의 열매는 매일매일의 생활로 나타난다는 것이 바울의 주장이었다. 말하자면 신앙은 인격을 사로잡는 힘을 가지기 때문에 태도와 행동으로 나타난다는 것이

다. 목회서신에서도 무엇을 믿고 무엇을 행해야 하는지에 관
한 의무를 규정하고 있지만 바울이 교회에 보낸 서신에서 명
쾌하게 규정했던 것과는 방법이 다르다.

여러 교회에 보낸 서신들

: 줄거리

사도들이 잇따라 죽은 직후의 시기는 사도 이후(post-apostle) 초기로 규정되고 있다. 이 시기는 기독교 역사에서는 중요하다. 기독교인들이 세계 여러 곳으로 흩어지면서 운동의 규모와 영향력이 성장하고 있었기 때문이다. 기독교 운동의 개척자들이 더 이상 살아 있지 않았기에 새로운 구성원들 중에서 지도자를 선발해야 했다. 새로운 문제들은 끊임없이 일어났고, 이를 처리하기 위한 지침도 필요했다. 이러한 수요에 맞추기 위해 비교적 짧은 문서들을 만들어 교회에 나눠주고 있었다. 이 문서들이 다루는 문제들은 어느 한 교회에 국한되지 않고 교회 전체를 위한 것들이었다. 이러한 이유 때문에 이들은 때로 가톨릭 서신이라고도 불렸다. 이들 대부분은 사도들 중 한 명 또는 사도들과 관련이 있던 누군가의 이름으로 작성되었으나, 분명한 사실은 이들 모두가 사도 이후의 시기에 작성되었다는 점이다. 처음 이것이 나타났을 때는 익명이었다. 그러나 그 이후에 교회운동 초기의 유명인사의 이름으로 나와 문서에 명성을 더하게 되었다. 이 저작물들 중 하나는 야고보, 두 개는 사도 베드로, 세 개는 사도 요한의 이름으로,

나머지 하나는 유다라는 기독교 이름으로 된 것이었다.

●베드로 전서 *1 Peter*

베드로 전서는 공개서한들 가운데에서 보다 중요한 서신이다. 계시록처럼 베드로 전서는 로마 정부로부터 극심한 박해를 받던 기독교인들을 위해 쓰여진 것이었다. 계시록은 왕에 대한 숭배사상을 강요하며 복종을 거부하는 모든 사람을 죽음으로 위협하던 소아시아 지방의 일곱 교회에 보낸 것이었다. 베드로 전서가 쓰여지던 당시 이와 같은 '가혹한 시련'이 보편화되어 기독교인들은 어디에 있든 간에 정부에서 잡아들여 예수에 대한 충성을 포기하도록 강요받았다. 기독교인으로 불리기만 해도 박해의 충분한 근거가 되었다. 이러한 상황은 도미티아누스 황제(AD 81-96) 재위기간 혹은 1세기 마지막 10년 이전에는 존재하지 않았으며, 이것이 사도 베드로 사후의 시기에 편지를 쓴 중요한 이유였다.

이 편지는 신학적 성격이 비교적 없음에도 불구하고 기독교인들의 삶의 기준을 아주 높게 설정하고 있다. 계시록과 비교할 때, 그리고 로마 황제의 기혹한 박해에도 불구하고 베드로 전서에서는 기독교인들에게 고통에 대해 다른 태도를 가지도록 촉구하고 있다. 그들이 당면한 시련과 고통은 그들의 신앙을 시험하는 것이다. 기독교인의 품성은 편안한 생활을 통해서는 길러지지 않는다. 어려운 여건을 만나고 극복함으로써 강한 정신력을 얻을 수 있다. 좀더 완벽하게 길러지기 위해서는 도전이 있어야 하기 때문이다. 그 외에도 기독교인들에게는 예수라는 본보기가 있으며, 예수처럼 하늘의 영광을 위해 고통을 당하기에 합당한 자로 간주된다는 것은 특권이다. 마지막까지 고통을 참아내는 것은 추구할 가치가 있는 목표다. 그러나 기독교인들은 용기를 내야 한다. 고통은 곧 끝날 것이며, 그들에게는 영원한 영광스러운 미래의 소망이 있기 때문이다.

베드로 전서에는 '이미 죽은 사람'에 대한 예수의 설교라는 재미있는 문단이 하나 나온다. 기독교인들은 예수 그리스도에 대한 믿음이 구원의 핵심이라고 배운다. 그렇다면 예수를 알거나 들을 기회도 갖지 못하고 죽은 사람의 운명은 어떻게 되느냐 하는 의문이 제기된다. 그들도 구원받을 수 있는가? 불가능하다면, 하나님의 정의에 의문이 든다. 만약 가능하다면, 예수에 대한 믿음은 구원의 필수조건이 아니게 된다. 그 모순을 해결하기 위해 다음과 같은 언급이 나오게 되었다.

예수의 죽음과 부활의 사이에 예수는 옛 히브리 전설에 의하면 모든 사람이 죽어서 가는 지옥으로 내려간다. 그곳에서 예수는 모든 죽은 이들에게 설교를 하여 그의 메시지를 받아들이든가 거절하든가 하는 기회를 주게 된다.

● **베드로 후서** *2 Peter*

베드로 후서에는 예수의 제자인 시몬 베드로라는 표제가 달려 있고, 그의 죽음 이후에 그를 저자인 것처럼 암시하는 부분이 여럿 있는데, 편지에 권위를 부여하기 위한 것으로 보인다. 편지에서는 주님이 오실 날에 대해 회의를 가지는 사람들에게 경고를 보내고 있다. 노아의 날에 그러했듯이, 사람의 아들에 대해서도 그러할 것이기에 교회는 신도들의 믿음을 확고히 해야 한다. 하나님의 날은 밤중에 도둑처럼 올 것이다. 그러므로 모든 기독교인들은 그것을 기다려야 한다.

● **야고보서** *James*

야고보의 편지는 1세기가 끝나갈 무렵에 작성된 것으로 보인다. 이 편지는 예수의 동생이었던 야고보의 것으로 전해지고 있지만 내용을 보면 야고보가 쓴 것인지 의문이 든다. 이 편지에 담겨 있는 종교의 개념이 나중에 예루살렘 평의회 수장을 지냈던 야고보가 옹호했던 것과는 아주 다르기 때문이다. 아마도 당시 동명이인인 야고보가 교회에 필요할 것으로 생각해서 썼을 것으로 보인다.

바울은 구원수단으로써의 믿음을 강조하면서, 하나님의 율법에 복종함으로써 구원을 얻을 수 있다는 사람들을 비난했다. 여러 바울 해설가들에 의하면, 누구든 예수를 그리스도로 믿으면 다른 것은 문제가 되지 않는다. 율법은 더 이상

구속력이 없으며 기독교인들은 하고 싶은 대로 행동하면 된다. 이런 생각을 고치기 위해 쓰여진 것이 야고보서다.

저자는 엄밀하게 윤리적인 행동의 관점으로 '고결하면서도 흠 없는' 신앙을 정의하고 있다. 그의 관점으로 보면, 사람의 행동은 머리로써 믿는 것보다 훨씬 더 중요하다. 그는 '행동이 수반되지 않는 믿음 그 자체는 죽은 것'이라고 주장한다. 나아가, 선의 기준은 하나님의 율법에 복종하는 것이다. 저자의 표현을 빌리면 '자유를 주는 완벽한 율법'에 복종함으로써 개인은 참된 자유를 얻게 된다. 율법을 하나라도 어기는 자는 율법 전체를 범하는 것이다. 그러나 분명히 저자는 마음속에 종교 의식적인 계명보다는 도덕적인 계명을 생각하고 있었다. 그는 단순한 형식주의에서는 도덕성을 인정하지 않기 때문이다. 가난한 사람을 도와주고 겸손한 자세를 유지하는 것이 기독교 신앙을 증명하는 것이다. 저자는 또 험담과 무분별한 방언을 사용하는 해악에 대해서도 할 말이 많았다. 부자 또한 사람들에게 필요한 것을 나눠주는 대신 축적하고 있는 것에 대해 맹비난을 받아야 한다. 편지는 다소 갑작스레 끝나지만 진정하 기독교인들의 생활에서 항상 특징지어져야 할 윤리적인 행동유형을 강조하고 있다.

●요한 서신들 *John*

요한1서 *1 John* 기독교 원로에 의해 훈계조로 쓰여진 요한1서는 점점 더 심각해지는 교회의 문제에 대해 교회들에 지시하는 것이다. 기독교인들은 예수가 이 땅을 떠난 후에는 성령이 기독교 운동을 이끌 것이라고 배웠다. 예수 안에 거했던 성령은 사도들을 통해서 말씀하실 것이며, 사도들이 죽으면 그 영은 다른 개인을 통해 계속 말씀하실 것이다. 이러한 믿음의 결과로 많은 사람들은 자신들이 하나님의 진리를 교회에 계시하는 매개자라고 주장했다. 하나님의 영이 자신에게 나타났다고 주장하는 사람들은, 자기들이 주창하는 내용이 무엇이든 간에 온갖 종류의 사상을 주장했다. 이러한 주장을 하는 사람들에게 어떤 제재를 가하지 않는다면 상황은 혼란에 빠지게 된다. 이 편지는 누구든 성령의 이야기를 들었다고 주장하는 자가 있다면 이를 받아들이기 전에 두 가지 시험을 거치라는 것이다.

그 시험 중 하나는 교리적인 성격의 것이다. 누구든지 예수 그리스도가 육체로 온 것을 부인하는 자는 하나님께 속한 자가 아니라는 것이다. 이 시험은 특별히 가현설*이라고 알려진 영지주의 철학의 한 형태를 겨냥한 것이었다. 가현주의 자들은 예수의 신성은 받아들였으나 예수의 인간성은 부인하면서 예수는 단지 물리적인 육체를 가진 것처럼 보였을 뿐이라고 주장했다.

또 하나의 시험은 윤리적인 것이다. 성령을 받았다고 주장하는 사람은 교회에서 받아들이기 전에 시험을 거쳐야 한다. 만약 그들의 행동이 예수의 윤리적인 가르침과 조화를 이루지 못한다면 교회의 신도로 받아들이지 말아야 한다. 교회는 거짓 선지자와 선생이 이미 여럿 나타난 것에 대해 경고를 받고 있다. 그리고 교회는 하나님의 계명에 복종하는지의 여

---

* **가현설**(假現說, Docetism): 그리스도의 고난이 실제 있었던 일이 아니고 그렇게 보였을 뿐이라고 주장한 초기 기독교의 한 교리. 그들은 예수가 십자가에서 죽은 후 부활한 것에 대해서도 그의 영적인 몸이 나타난 것이라고 주장했다.

부는 물론이고 형제애가 있는지도 시험을 해야 한다고 촉구하고 있다.

요한2서 *2 John* 요한2서는 동일한 원로가 쓴 것으로 '선택된 여성'이란 이름으로 불리는 자매교회에 보내는 아주 짧은 편지다. 이 편지에서는 예수 그리스도가 육신에 거했다는 것을 부인하는 거짓 선생들이 교회에 침투해 중대한 분열을 조장하고 있다고 지적한다. 교회에 대해 이처럼 속이는 자들을 믿고 환대하지 말라고 경고한다.

요한3서 *3 John* 동일한 원로가 쓴 이 편지는 회중을 위해 크게 기여한 가이오라는 사람을 영접하라고 권고한다. 또한 원로에 대해 험담을 일삼고, 그를 교회에서 내쫓으려고 한 디오드레베라는 사람에 대해 경고하고 있다.

● **유다서** *Jude*

예수 그리스도의 종이며 야고보의 동생이라고 자처한 유다의 글은 단 하나의 장으로 되어 있고, 베드로 후서와 거의 비슷한 목적으로 쓴 것이었다. 실제로 일부 성경학자들에 의하면 이 글이 베드로 후서보다 먼저 쓰여졌으며, 그 중 일부는 베드로 후서의 저자가 베껴서 늘인 것이라고 한다.

신도들 사이에 점진적으로 번지고 있는 거짓 이론에 대해 교회에 경고하기 위한 논쟁적인 어조로 쓰여진 이 소책자는 일차적으로는 신비스러운 언어로 표현되어 이상한 종류의 지식과 연관되는 그노시즘과 이의 가르침을 직접 겨냥하는 것이었다. 선한 마음과 악한 육신이라는 그노시스주의자들의 이원론적인 개념은 기독교 이론과는 맞지 않으므로 마땅히 배척되어야 하며, 예수는 인간의 몸을 가진 것처럼 보였을 뿐이라는 그들의 개념도 마찬가지다. 저자는 구약 위경에 포함되어 있는 유대교 계시록의 하나인 에녹을 인용하고 있다.

교회에 보내는 공개서한은 초기 교회의 역사를 재구성할 수 있는 귀중한 원천자료들이다. 거기에는 신학적인 문제와 함께 교회가 지닌 구체적인 문제들이 담겨 있다. 이들 편지 가운데, 특히 요한2, 3서 그리고 베드로 후서와 유다서에서는 이러한 역사적인 의미를 뺀다면 거의 가치가 없어진다. 그러나 나머지 세 개에 대해서는 좀더 언급해야 할 것이 있다. 베드로 전서는 기독교인들의 생활을 매력적이면서도 기품 있는 것으로 설정하고 있다. 그리고 삶에서의 어려움과 시련이 기독교 인성의 함양에 어떻게 기여하는지를 이야기하고 있다. 야고보서는 항시 윤리적인 측면을 강조한다. 기독교 신앙은 지적인 믿음이 아니라 행동으로 이어져야 한다. 요한1서는 기독교의 개념으로 요한복음과 마찬가지로 사랑을 핵심 요소로 보고 있다.

히브리서

The Epistle to the Hebrews

기독교 공동체가 생긴 지 수십 년, 초기의 열정이 차츰 식어가고 있었다. 기다렸던 예수는 오지 않았고, 여기저기서 이 운동에 대한 반대가 일어났으며, 기독교가 다른 종교에 비해 가지고 있는 영원의 의미에 대한 회의도 고개를 들기 시작했다. 이러한 흐름에 대응하고 새로운 운동에 가담한 사람들에게 기독교 신앙을 강화하는 것이 이 편지의 중요한 목적이었다. 저자가 알려지지 않았기에 많은 사람들은 그의 정체를 궁금해 했다. 저자는 바울로 알려져 왔었다. 신약 여러 곳에 이러한 생각들이 편지 제목으로 사용되었기 때문이다. 그러나 편지의 내용을 보면 바울이 아닐 것 같다. 이 편지에서 나타나 있는 사상들이 바울의 진짜 편지와 다르기 때문이다. 실제로 기독교의 히브리적인 해석은 여러 가지 측면에서 사도들의 생각이나 글과는 차이가 있다.

누가 저자였건 간에 그는 기독교가 여타 종교운동과는 다른 그 이상의 무엇이라고 믿었던 것이 틀림없다. 기독교가 유일한 참 종교라고 믿었던 그는 경쟁적인 종교들, 특히 유대교에 대해 기독교의 우월함을 보이고 싶어서, 구약에 나타나는 개념과 자신의 해석으로 이에 상응하는 기독교의 개념을 각각 비교하고 있다.

히브리서는 옛날의 하나님은 예언자들을 통해 자신을 나타내셨지만 지금은 아들의 삶과 가르침을 통해 자신을 드러낸다는 이야기로 시작된다. 이 아들은 나사렛 예수로 알려진 사람이며, 모세나 다른 예언자들보다 우월하다. 심지어 하늘의 천사들보다 우월하다. 왜냐하면 그들 어느 누구도 아들이라고 불린 적이 없었고, 세상 창조에 어떤 역할도 하지 않았기 때문이다. 저자가 그의 서신에서 예수를 하나님의 아들이라고 부른다고 해서 예수가 인간임을 부인하는 것은 아니다. 이 점에서 그는 아주 단호하다. "아이들이 살과 피를 가졌듯이 그도 사람으로서의 속성을 가졌다." 그리고 다시, "이러한 이유로 그도 모든 점에서 그의 형제들을 닮았다." 예수에 대해 "그 자신 유혹을 받을 때 고통을 받았으므로 유혹받는 자를 도울 수 있는 것이다"고 말할 때는 예수의 인성을 두고 하는 말이다.

이 편지 전반에서 예수는 대제사장으로 언급된다. 그의 사역은 중요도 면에서 고대 이스라엘의 제사장들이 수행하던 제사를 능가하는 것이다. 예수의 제사장직이 갖는 위대함은 여러 가지 면에서 강조되는데, 그 중 하나는 멜기세덱의 제사장직에 관련된 것이다. 저자는 아브라함이 제사장이자 살렘의 왕인 멜기세덱을 만난 창세기의 한 일화를 언급한다. 아브라함은 전투에서 돌아오다가 멜기세덱의 축복을 받고, 자기가 전투에서 얻은 전리품의 10분의 1을 그에게 바친다. 이것이 창세기에 기록된 이야기의 요체인데, 이 짤막한 이야기로부터 여러 가지 결론을 이끌어낼 수 있다. 그 중 한 가지 결론은, 이 만남에서 아브라함에게 일어났던 일이 모든 레위족의 제사장들에게 영향을 미쳤다는 것이다. 왜냐하면 제사장들은 모두 히브리 민족의 조상인 아브라함의 허리에 있었기 때문이다. 작은 자가 항상 큰 자에게 축복을 받는다는 점을 주장하면서, 저자는 레위족의 제사장들이 필연적으로 멜기세덱의 제사장들보다 열등할 수밖에 없다고 추론한다. 예수는 이 멜기세덱의 반차를 따른 대제사장이기 때문에 구약의 어느 제사장보다 더 위대하다는 것이다. 저자는 시편 110장을 인용하면서, "너는 멜기세덱의 반차를 쫓아 영원한 제사장이다"라는 선언이 예수를 가리키는 것이라고 주장한다.

비록 예수가 육신과 피를 가진 사람으로 믿어지고 있다고 하더라도 그는 로고스*의 화신인 한 신의 아들이다. 예수의 이러한 속성은 영원하며 시간에 따라 시작도 없고 끝도 없다. 창세기에서는 멜기세덱의 부모에 관해서 아무런 이야기도 하지 않으므로, 저자는 어머니도 없고 아버지도 없다고 결론짓는다. 다시 말하면 그는 유한한 존재가 아니라 영원한 존재라

---

* **로고스**: 기독교에서 '하나님의 말씀' 또는 '그리스도'를 일컫는다.

는 것이다. 모든 레위의 제사장들은 태어나고 죽는 사람이었지만 멜기세덱의 뒤를 이은 예수는 영생을 가졌다. 거기에 예수가 제사장으로서 행한 업적은 레위 제사장직을 수행한 사람들의 것을 능가한다. 제사장으로서의 예수의 우월성을 지지하는 이유 중 하나는 레위족의 제사장은 간격을 두고 규칙적으로 제사를 지내야 한다는 점이다. 속죄의 날에는 제물도 매년 바쳐야 한다. 그러나 대제사장으로서의 예수는 단 한 번에 자신을 제물로 주었으며, 이 한 번의 희생으로 미래뿐만 아니라 희생이 이루어지기 이전에 죽은 사람에 대해서도 충분하다.

예수 희생의 진정한 의미는 단 한 번의 희생이라는 것에 국한되지 않고 질적인 면에서도 레위의 제사장들이 행하는 것과 다르다. 제사장들이 바치는 제물은 황소와 염소의 피에 한정되지만 예수가 바친 것은 자신의 피였다. 이러한 차이를 가지고 히브리서의 저자는 옛날에 드렸던 제사장들의 제사가 가치가 없었다는 추론을 하려는 것이 아니다. 그것도 이스라엘 사람들에게 어떤 의미를 가졌기 때문이다. 다만 예수의 희생은 그를 믿기만 한다면 유대인뿐만 아니라 전 인류를 위해서 훨씬 더 가치가 있다는 것이다. 실제로 구약에서 설정된 희생양 제도의 진정한 의미는 예수의 십자가에서의 죽음과 아주 명백하게 관련되고 있다. 히브리서의 저자가 보고 있듯이 이 제물들은 미래에 이루어질 또 다른 훨씬 더 큰 그림자일 뿐이며, 이를 떠나서는 구약의 제사는 아무런 의미가 없다.

예수 제사장직의 주제를 더 깊이 탐구하면서 히브리서의 저자는 레위족과 관련하여 이전의 것을 대체할 새로운 형태의 제사장직의 필요성을 설명한다. 그는 또 존속기간의 문제도 중요하게 다루고 있다. 제사장직은 레위족 중에서 세습적으로 이어진다. 제사장이 죽으면 이 자리를 이어받을 권리는 특정 부족의 후손이냐 아니냐에 달려 있다. 예수는 일반적으로 제사장직으로 선출될 수 없는 유다족으로 알려지고 있기 때문에 예수가 제사장직을 이었다는 것은 육신적인 후손이 아니라 '영원한 생명의 힘'에 의한 것이라는 추론이 가능해진다. 나아가 예수의 제사장직 임명은 맹세에 의한 것인데, 레위파 제사장 임명은 어느 누구도 맹세에 의한 적이 없다. 저자는 자신의 설명을 뒷받침해 줄 내용으로 시편 110장에서 다음과 같은 구절을 찾아낸다. "하나님의 선언은 바뀌지 않는다. '너는 영원한 제사장이니라.'" 그는 시편을 쓴 사람이 예수를 가리키고 있다는 것을 암시하면서 예수의 기독교 제사장직의 위대함에 대해 다시 한 번 자신의 확신을 담고 있다.

그런 확신은 레위족 제사장들이 행한 봉사는 이전의 언약에 근거한 전체 중의 일부일 뿐이라는 확언에서 다시 나타난다. 반대로 예수의 제사장직은 새로운 언약에 의한 것이다. 이 두 약속에 관한 이야기는 예레미야서를 참조하면서 언급되고 있다. 여기서 예언자는 일련의 외부 법률에 대한 복종의 개념을 개인의 내적인 정당한 욕구와 목적에 따른 행동유형과 관련해 대비시키고 있다. 전자가 이전 언약의 기초가 되는 것이라면 후자는 새로운 언약의 기초가 된다. 히브리서의 저자는 레위 제사장직이 불완전한 것은 적어도 부분적으로는 모세 율법에 맞추기 위해 행동을 규제하려는 시도 때문이었다고 한다. 이러한 시도가 실패한 것은 새로운 제사장직의 필요성을 낳기에 이르렀고, 예수의 제사장직으로 완성되었으며, 이에 따라 예수는 신약을 주관하는 자가 되었다는 것이 저자의 생각이다.

대제사장으로서의 예수의 업적은 하늘의 성소라는 개념에서 좀더 자세하게 나온다. 이스라엘 백성이 광야를 헤맬 때 모세가 만들고 백성들이 사용하던 장막은 하늘에 있는 진정한 장막, 일종의 성소 축소판이다. 이러한 생각은 장막 건립에 관해 모세가 하나님으로부터 지시받는 것을 묘사하는 부분에서 발견된다. "나를 위한 성소를 만들라. 그러면 내가 그들 가운데 거하리라. 내가 보여주는 것과 꼭 같이 장막을 만들라." 옛날 장막 안에서 레위의 고위 제사장들이 행하는 가장 중요한 봉사는 속죄의 날에 행해진다. 그때 제사장은 지성소에 이르러 사람들이 한 해 동안 저지른 죄에 대해 용서를 빌기 위해 자비의 참나무 의자에 피를 뿌린다. 이러한 봉사가 앞으로의 일을 미리 보여주는 것이라고 믿는 히브리서의 저자는 대제사장으로서 예수가 한 일이 고대의 봉사가 내포하는 의미를 이제 완성하는 것이라고 주장한다. 부활과 승천에 이어 예수는 하늘의 성역에 있는 지성소에 들어가 인간의 죄를 위해 자신의 피를 제공한다.

히브리서에서 이처럼 구약이 언급되는 것은 구약에서 나오는 이야기, 특히 제사장과 그들의 몫인 봉사제도를 다룬 대목들이 예수의 삶과 죽음, 부활과 같은 사건들과 관련되어서 진정한 가치를 찾을 수 있다는 저자의 믿음을 보여주기 때문이다. 히브리서 말미의 신앙과 관련된 논의는 이러한 관점과 견해를 같이하고 있다. 이스라엘 영웅들의 이름을 길게 열거하면서 이들이 모두 큰일을 이룰 수 있었던 것은 신앙 때문이었다는 입장을 견지한다. 신앙에 대한 그의 개념은 언젠가 미래에 그리스도가 나타나 지금 진행중인 일을 완성하리라는 영웅들의 역할에 대한 믿음과도 동일하다.

: 풀어보기

히브리서는 신약에서 특이한 위치를 차지하고 있다. 여기에는 예수와 기독교 운동에 대해 다른 저술들과는 상당히 다르게 기술되고 있다. 저자는 예수를 기독교의 대제사장으로 보고 있다. 마치 구약시대의 레위 제사장들에 비유된다. 신약의 다른 부분에서는 예수가 대개 예언자로 나타나는 것에 비해 여기서만 대제사장으로 표현된다. 여기에 의미가 있다. 예언자는 관점에 따라서는 대제사장과는 상반되게 나타나는 경

우도 있다. 예언자가 위대한 사회 개혁가라면 대제사장은 유대교 전통에 의하면 지성소에 들어가 죄의 용서를 구하기 위해 제물을 드리는 자다. 예루살렘 성전이 파괴된 이후 제사장역할이 누군가에 의해 이어져야 한다고 생각했던 것 같다. 이글을 쓴 사람은 십자가에서 예수의 죽음이 자신의 몸을 제물을 드리는 의식을 충족시켰을 뿐 아니라 그것을 초월하는 것으로 보고 있다.

　히브리서에서 구약이 나오는 것을 보고 구약의 신약적해석이라고 보는 사람들도 있다. 일부 기독교인들은 이것을 읽으면서 옛날 이스라엘 사람들도 동일한 생각을 했다는 것을 알게 된다. 예수의 삶의 의미에 대해 확신을 가졌던 저자는 구약 레위 제사장의 속죄행위에서 동일한 의미를 찾은 것이다.

신약의 다른 부분들과 함께 공관복음서에서는 구약의 메시아적 예언자 이야기를 들고 있다. 그러나 히브리서에서는 예언자의 사례가 없는 반면 희생 제물을 바치는 제사장 이야기에서 예수가 온 것과 십자가 위의 죽음을 예견하고 있다. 구약에 대한 이러한 관점은 기독교 이론 발전에 중요한 의미를 가지게 되었으며, 구약은 유대의 책이라기보다는 기독교의 책이라는 느낌을 주게 된다. 이러한 입장을 대표적으로 나타내는 것이 다음과 같은 언급이다. "구약은 단지 숨겨진 신약이며, 신약은 구약의 구현이다."

히브리서의 영향은 여러 가지가 있지만 가장 대표적인 것이 피의 속죄다. 즉 예수가 흘린 피는 인류의 죄를 대신해서 흘린 것이라는 생각이다. 예수가 인간을 대신해서 피를 흘림으로써 인간이 구원받을 수 있다는 생각을 뒷받침한다.

그 외에도 예수와 하나님과의 관계를 설명하는 부분이나 예수의 인간적인 측면, 즉 '유혹으로 인한 고통'이라든가, '고통을 통해 완벽해짐' 등의 표현은 낙담하고 약해지려는 기독교인들에게 위안과 확신을 주는 내용들이다.

계시록
The Book of Revelation

계시록에서는 초기 기독교인들의 계시적인 희망의 표현을 가장 극명하게 엿볼 수 있다. 계시주의는 기독교인들 사이에서 새롭게 나타난 현상은 아니다. 유대인들 사이에서는 이미 잘 가다듬어진 신앙이었다. 이들은 하늘나라 왕국은 점진적인 개혁을 통해서 이루어지지 않으며 갑작스러운 간섭으로 하나님이 현재의 시대를 마감하시고 새로운 세계에서 자신의 왕국을 세운다는 것이다. 앞으로 있을 이 사건의 개념은 그때가 오기 전에 선과 악의 세력 간의 싸움이 격렬해질 것이라는 생각이었다. 악의 세력이 커짐에 따라 그들은 의로움의 길을 걷는 사람들을 박해하고 심지어 죽이기까지 하게 된다. 싸움이 극에 달하면 마침내 하나님이 관여하여 악의 세력을 무찌르고 정의의 세력이 영원토록 살아갈 새로운 질서를 만든다는 것이다. 메시아의 출현은 이러한 사건과 맞물려 일어나게 된다.

기독교인들이 십자가에서 죽은 예수가 메시아라고 확신할 때, 그들은 필연적으로 예수가 하려고 했던 일이 무엇이며, 어떤 형태로 완성될 것인가 하는 문제에 대해 생각을 수정하게 되었다. 메시아의 일은 나팔소리와 영광 속에서 이루어질 것이라고 알고 있었기에 그들은 종말이 승천했던 예수의 재림으로만 이루어질 수 있다고 믿었다. 계시론적인 계획과 관련된 모든 사건들이 일어나는 이 재림시에는 모든 악의 세력이 멸망하고 새로운 시대가 열릴 것이다. 시간이 지나면서 많은 기독교인들, 특히 로마 정부에 박해받던 기독교인들에게서 그 일이 있기까지 얼마나 더 많이 기다려야 하는지에 대해 깊은 우려가 나오기 시작했다. 서기 1세기가 끝날 무렵 로마뿐 아니라 로마 제국에 속한 바깥 지역에서도 황제숭배 사상이 비교적 잘 정비되어 있었다. 황제숭배를 거부하던 기독교인들은 온갖 종류의 죄명을 뒤집어쓰고 가장 가혹한 처벌을 받았다. 그들 중 일부는 자신들의 신앙을 부인하기보다 차라리 순교를 택했다. 이때가 기독교 운동 전체를 통해 가장 위기였으며, 많은 기독교인들은 박해가 언제 끝날지 궁금해 했다. 그리고 다른 한편으로는 가야 할 길을 몰랐다. 심지어 일부는 신앙을 버리거나 적어도 목숨을 구하기 위해 로마와 타협을 하고 싶은 유혹을 받게 되었다.

　　이러한 여건 하에서 요한이라는 이름의 한 기독교인이 소아시아에 있던 일곱 교회에 보내는 형식으로 계시록을 쓰게 되었다. 이 글의 목적은 교회 구성원들에게 그들 앞에 늘어선 악의 세력으로부터의 구출이 가까웠다는 확신을 줌으로써 신앙을 강건케 하려는 것이었다. 요한은 하나님이 개입하는 위대한 날은 비교적 짧은 시간 안에 있을 것이지만 유대인 기독교인들이 잘 알고 있는 계시록적 문헌에 의하면 끔찍한 사건들이 먼저 일어나리라는 것을 알고 있었다. 그는 일어날 사건들과 자신들의 신앙이 그들이 경험한 것 이상으로 더욱 가혹한 시련을 겪게 될 때를 준비하라고 동료 기독교인들에게 경고하고 싶었다.

계시록을 쓰면서 요한은 구약 다니엘서의 옛날 계시록에서 사용했던 방식을 따라 계시록에 나오는 경외성서 1, 위경에 나오는 에녹, 모세의 기적, 그리고 에스겔서, 공관복음서 등 잘 알려진 저작물의 일부를 포함했다. 이 모든 저작물들에서 나타나는 사건들은 실제로 일어나기 훨씬 이전부터 예언되었던 것처럼 보였다. 그 계시들은 꿈이나 환영을 통해서 나타났는데, 다가올 사건들이 이상한 형태의 상징으로 나타났으며, 그 의미는 얼마 후 이를 알려주기 위해 보낸 천사에 의해 해석되었다. 계시들은 위기의 시기에 어려움을 당하거나 궁핍한 사람들을 위해 쓰여졌다.

요한은 계시록 첫 머리에서 종교적인 믿음 때문에 파트모스 섬에 유배되어 있을 때 자신이 본 것을 기록하여 소아시아 일곱 교회에 보내라는 목소리를 들었노라고 기록하고 있다. 그 목소리는 죽음을 딛고 일어서 하늘에 오른 예수였다. 예수의 메시지는 일곱 천사에게 보내졌다. 그들은 각기 특정 교회를 수호하는 천사들인 에베소, 사모아, 두아디라, 버가모, 사데, 빌라델피아, 라오디게아였다. 예수는 이들 교회가 한 일의 성과를 칭찬했다. 그러나 그들 중 다섯 곳에 대해서는 경고와 책망의 메시지를 보냈다. 그는 기독교 사회에 진정한 위협이 되는 것으로 간주되는 제사에 쓰인 고기를 먹는 것을 허용하는 니골라당의 교리를 용인하는 것에 대해 특히 비판적이었다. 비록 바울과 다른 기독교인들은 그러한 관행은 중요하지 않으며 양심에 따라 행동하면 된다는 입장이었으나 그는 이러한 태도를 받아들이지 않았다. 그는 유대인들과 마찬가지로 기독교인들에게도 모든 법률을 엄격히 지키는 것이 중요한 시험이라고 생각했으며 금지된 음식에 관한 규정도 예외는 아니었다. 비록 그것이 그리 중요하게 생각되지 않을 수도 있지만 이런 종류의 일에 대한 사람들의 태도는 좀더 중요한 일에 대해 그들의 행동방식을 보여주는 것이 된다.

예수는 박해를 이겨낸 사람들을 칭찬했다. 자신들의 신성을 주장하고 제국의 다른 신들과 함께 자신들을 숭배하라는 로마에 충성을 맹세하기보다는 죽음도 마다하지 않은 자들을 칭찬한 것이다. 그는 황제숭배가 가장 강한 버가모를 사탄의 집으로 언급했다.

예수는 기독교인들에게 가까운 미래에 그들에 대한 박해가 한층 더 가혹할 것임을 경고했다. 그럼에도 불구하고 충성심을 잃어서는 안 된다. 그 고통은 그들 심성에 대한 시험이

다. 충성스러움을 지킨 자들은 곧 적들의 손에서 풀려날 것이
며 곧 이룩될 새로운 질서에서 생명의 왕관을 쓰고 새로운 질
서가 영원함을 확신하게 될 것이다. 지금 가해지고 있는 박해
는 단지 짧은 시간일 뿐이다. 하나님의 심판이 가까웠다.

　　일곱 교회에 보내는 예수의 메시지 다음으로 요한은 앞
으로 일어날 일들을 기록한 일곱 개의 봉함과 두루마리에 대
해 기술하고 있다. 하나님의 양으로 불리는 부활한 예수는 봉
함을 열 수 있는 유일한 자격을 가진 사람이다. 첫 번째 봉함
이 열리자 거기에서는 흰 말 한 마리가 나왔으며 원정을 떠나
는 기사가 타고 있었다. 다른 봉함도 열렸다. 붉은 색, 검은 색,
연한 색의 말 세 마리가 잇따라 나왔다. 이 네 마리의 말은 로
마 제국 멸망의 시작을 표시하는 투쟁을 상징한다. 다섯 번째
봉함이 열리자 요한은 절망에 빠진 영혼들이 외치는 소리를
들을 수 있었다. "지고의 하나님, 거룩하시고 진실된 하나님,
땅의 생명들을 멸하고 우리의 피를 복수하려면 얼마나 더 기
다려야 하나이까?" 그들에게는 세상 파괴의 기운이 약해지고
있으니 더 심한 고통을 참아야 한다는 소리가 들려온다. 그러
나 그 모든 것을 참아낸 자는 생명부에 이름이 오를 것이다.

　　다음으로 요한이 본 것은 곧 세상에 닥칠 재앙이었다.
장면이 바뀌면서 하늘의 네 개의 바람을 대표하는 네 명의 천
사 앞에 하늘의 사자가 봉함을 놓을 때까지 바람을 멈추라는
명령이 들린다. 요한은 봉함된 사람들의 숫자를 보았다. 고대

이스라엘과 현재의 새로운 이스라엘이라고 간주되는 기독교 사회 모두 열두 부족을 상징하는 14만 4천 명, 즉 한 부족당 1만 2천 명이었다. 봉함을 완전히 열기 전에 일곱 천사 앞에 또 다른 일련의 재앙이 나팔소리와 함께 나타났다. 이 나팔소리는 대지진 발생시의 물리적인 대참사이며, 강물의 범람이며, 태양과 달이 빛을 잃음이며, 하늘에서 별들이 떨어짐이라. 이러한 물리적인 현상 다음으로 실로 소름끼치는 하나님의 분노가 기독교인들을 박해한 사람들에게 좀더 직접적으로 뒤따르게 된다. 이 광경을 기술하기 전에 요한은 수세기 동안 정의의 세력과 싸움을 해왔던 로마 황제의 권력을 악이라고 규정한다.

이 악의 존재는 다름 아닌 사탄으로, 이 땅에서 정의로움을 말살하려고 마지막 발악을 하는 하나님의 대적이다. 그는 하나님에 대해 반란을 일으킨 용이다. 요한은 마가엘과 그의 천사들이 용과 용의 천사들과 다투는 '하늘에 전쟁이 일어났다'고 말한다. 이 싸움의 결말은 용과 그의 천사 중 3분의 1이 하늘 밖으로 쫓겨나는 것이었다. 이 용이 헤롯 왕을 움직여 예수가 태어나자 그를 죽이려 했던 바로 그 용이다. 요한에 의하면 그 용의 일은 계속 이어져 이제 로마 황제를 통해 목적을 달성하려고 하고 있다. 그의 포악한 성격은 기독교인들에게 가해지는 잔혹한 박해로 나타나고 있다.

지금 세계를 지배하려는 것처럼 보이는 그 힘의 정체를 묘사하는 데 요한은 다니엘서에서 유대인들에게 복종을 강요하던 사악한 지도자의 이미지를 빌리고 있다. 다니엘서의 저자는 그 상징으로 일곱 개의 머리와 열 개의 뿔을 가진 거대한 짐승으로 그리고 있다. 같은 방법으로 요한은 로마 제국 동전에 찍혀 있는 황제의 모습을 짐승으로 묘사하고 있다. 그는 말한다. "지혜가 여기 있으니 총명 있는 자는 그 짐승의 수를 세어 보라. 그 수는 사람의 수니 육백육십육이니라." 요한은 로마 황제를 가리키는 것으로 보이지만 악의 세력을 의인화한 것이며, 그가 로마 황제를 저주하는 것은 사탄이 황제의 행동을 구현하는 것이라고 믿기 때문이었다. 왜냐하면 사탄과 황제는 공통의 목적을 달성하기 위해 결합되어 있기 때문이다.

종말이 가까워오는 것을 보고 있는 요한은 높은 소리로 외치는 하늘 천사를 그리고 있다. 세 천사가 나타났다. 첫 번째 천사가 하나님의 심판이 가까웠음을 외치고, 두 번째 천사는 로마로 상징되던 바벨론의 멸망을 외친다. 세 번째 천사는 짐승과 짐승의 상을 숭배하는 자들의 끔찍한 운명을 설명한다. 마지막 징벌로 거짓을 숭배하는 자들은 불바다에 떨어져 영원히 멸망당한다. 그때 일곱 명의 또 다른 천사들이 나타난다. 그들은 각각 항아리를 들고 있었으며, 그 안에는 일곱 개의 마지막 재앙을 담은 하나님의 분노가 들어 있다. 이들 재앙은 요한의 날에 사악한 자들에게 내려질 것들이다. 마치 이스라엘이 이집트의 속박에서 벗어나기 직전에 이집트에 내려졌던 일련의 재앙과 같은 모습이다. 첫 번째 천사가 땅 위에 항아리에

담긴 것을 쏟자 짐승의 표를 받은 자들과 그 이미지를 숭배하는 자들에게 악성 종양이 돋아나기 시작했다. 두 번째 천사가 바다에 항아리를 쏟자 바다는 핏빛으로 변하여 그 안에 살고 있는 모든 것들이 죽었다. 나머지 항아리에서도 유사한 재난들이 쏟아져 나왔다.

지상 모든 왕국의 멸망을 가져올 거대한 재앙 또한 예

수가 하늘 구름을 타고 재림하는 때에 일어날 것이다. 예수가 지상으로 접근함에 따라 악의 무리들은 그의 밝음으로 죽임을 당하게 된다. 1천 년 동안 사탄은 묶여 있을 것이며, 지구는 황폐한 상태가 된다. 이 기간 동안 의로운 사람들은 새로운 예루살렘인 하나님의 도시에서 안전하게 있을 것이다. 1천 년의 마지막에 하나님의 도시는 땅으로 내려온다. 그런 다음에는 사악한 무리들이 죽음에서 살아나 하나님의 도시를 멸망시키려 하다가 요한의 표현을 빌면 두 번 죽임을 당한다. 계시록의 마지막 장은 황금으로 장식된 거리와 벽옥으로 된 벽과 진주로 된 문과 하나님의 옥좌로부터 영원히 흘러내리는 생명의 강 등 새로운 예루살렘의 모습을 생생하게 그리고 있다. 이 하늘에서의 삶은 하나님이 모든 눈물을 거두셨기에 슬픔도 울부짖음도 존재하지 않으며 더 이상 죽음도 없다.

　　요한 계시록은 신약에서 요한을 저자로 명시한 첫 번째 저작물이다. 세 개의 편지와 한 개의 복음서가 있지만 계시록을 쓴 요한과는 다른 요한이다.

　　요한 계시록은 일반 독자들은 이해하기 어려운 신비스러운 내용이다. 천사에 대한 언급이나 하늘 법정에 나타나는 예수의 모습, 3, 7, 12 등의 신비한 숫자, 이상한 짐승, 상징 등 모든 것이 전문가들이나 알 수 있는 비교적 은밀하고 난해한 분위기를 준다. 이러한 이유로 사람들은 쓸모없다며 무시하기도 했지만 또 다른 사람들은 여기에 나오는 일련의 사건들이 이미 일어나고 있거나 머지않아 일어날 사건들의 예언으로 믿었다. 이 책에 나오는 많은 상징들은 종교적인 문헌에서는 아주 중요하다. 왜냐하면 한정된 인간의 경험을 넘어서는 개념을 나타내기 위해서는 그 방법밖에 없기 때문이다. 그러하기에 저자의 의도와는 다른 해석의 여지를 주는 위험도 있다.

다니엘서와 계시록 외에도 구약 외경이나 위경에는 많은 계시록적인 문건들이 있다. 이들을 면밀히 검토해 보면 공통점이 있다. 모두가 위기의 시기에 쓰여졌으며, 선과 악의 싸움이 있고, 싸움이 그치면 박해와 시련을 이겨내면서 신앙을 지킨 사람들에게는 곧 이룩될 하늘의 왕국이 보장된다. 이들 메시지는 보통 박해받는 자들을 위한 것이며, 그들만이 알 수 있는 상징의 형태로 나타난다.

그런 관점에서 본다면 요한 계시록은 이해하기가 쉽다. 요한 계시록은 신약의 어느 것보다 창의적이지 않다. 문체나 상징물의 수나 종류 등에서 이 책은 이전의 계시적인 저작물을 상당히 따르고 있다. 계시록의 특색은 그것이 쓰여진 시점이다. 1세기 말경 기독교인에 대한 로마 정부의 박해는 아주 가혹했다. 네로 황제는 로마가 불탄 것을 기독교인들의 소행으로 돌렸다. 물론 이는 거짓이었지만 의심을 받기에 충분했다.

유대인과 로마인 모두 자신들의 오랜 믿음을 부정하고 우월한 종교임을 자처하는 기독교인들에게 분개했다. 기독교인들의 모임이 비밀스러웠기에 모종의 사악한 일을 꾸미고 있다고 믿었다. 그러자 기독교인들은 예수를 부정하고 로마 황제를 숭배하도록 강요받았다. 거절하면 고문을 받았으며 죽기도 했다.

이러한 배경 하에서 계시록이 쓰여진 것이다. 당시의 기독교인들에게는 용기가 필요했으며, 자신들이 받고 있는 박해가 곧 끝나고 이 땅에서 악의 세력들이 멸망할 것이며, 의로움이 승리를 거둘 것이라는 확신이 필요했다. 요한이 동시대 사람들에게 한 이야기는 비슷한 상황에서 이전에 사용되었던 말들이었다. 요한이 수세기 후에 일어날 일들을 예측한 것으로 생각하는 것은 잘못이다. 계시록의 확고한 의미는 정의가 악에 승리할 것이라는 확신 그것이다.

요한복음
The Gospel of John

요한복음은 신약에 실린 예수의 전기물 가운데 마지막으로 쓰여진 것이다. 세례명 요한에 의해 쓰여진 이 책의 저자는 예수의 열두 제자 중 하나인 요한이 아니라는 것을 분명하게 보여준다. 예수와 밀접한 관계를 유지했던 사람에게서 기대되는 형태의 직접적인 개인적 언급이 없기 때문이다. 새로운 기독교 운동을 확신했던 그는 기독교의 핵심 진리를 가능한 한 가장 좋은 방법으로 담아내는 글을 쓰고 싶었다. 그의 희망은 기독교에 대한 반대를 극복하고 당시의 교육·문화적인 사람들로부터 존경받을 수 있도록 기독교에 대한 진리와 신앙에 대한 설명이 담긴 글을 쓰자는 것이었다. 이러한 목적은 공관복음서와 날카롭게 대비되는 요한복음을 이해하는 데 많은 도움이 된다. 요한복음은 이전의 다른 복음서에서 나오는 많은 사건들을 누락시키고 있으며, 또 적어도 부분적으로는 유대인과 기적의 이야기가 담긴 우화에 다른 입장을 취하고 있으며, 재림과 관련된 계시론적 이야기를 빼는가 하면 세례요한의 하급자로서의 지위, 그리고 메시아에 대한 새로운 개념 등을 생략하고 있다.

이 복음서의 목적은 요한 자신이 썼듯이 나사렛 예수가 하나님의 아들인 그리스도이며, 그를 믿는 자는 영생을 얻으리라는 것이다. 이러한 목적은 공관복음서를 쓴 저자들도 요한과 마찬가지였지만 추구 방식에서 그의 복음서와 공관복음서 사이에 차이가 있다. 공관복음서의 영원한 주제는 하나님 왕국의 도래였기에 예수의 생애와 가르침을 기술하는 설명도 이 일과 관련되어 있었다. 예수의 사명 중 메시아적 성격은 그가 행한 기적, 가난한 사람과 핍박받는 사람들에 대한 그의 친절함, 악마를 물리치고 병자를 고치는 그의 권능, 그리고 미래의 왕국이 임박했으므로 사람들이 어떻게 살아야 하느냐 하는 관점에서 그의 가르침을 기술했다.

요한복음에서는 하나님과 함께 있고 그것이 하나님 자신인 말씀이 핵심 주제였다. 그 말씀이 육신이 되어 나사렛 예수 안에 거했다. 요한은 초자연적인 탄생을 말하지 않았다. 그는 예수를 일반인들과 같이 육신과 피를 가졌던 인간으로 생각했다. 예수에게서 가장 의미 있는 것은 그의 안에 하나님의 말씀이 있었다는 점이다. 그가 이룩한 놀라운 일들은 하나님의 권능 덕분이었다. 요한은 이런 방식으로 하나님과 인간의 관계를 생각했다. 하나님이 예수 안에 거하고 있었기에 예수를 하나님의 아들이라고 부르는 것이 적절하며, 하나님의 권능과 함께 하면 누구의 삶이라도 그럴 수 있다는 사례다. 이와 관련하여 요한은 말한다. "그를 받아들이는 모든 사람에게, 그의 이름을 믿는 모든 사람에게 하나님의 자녀가 되는 권리를 주셨다."

예수의 사명에 대한 요한의 설명은 두 부분으로 나뉜다. 처음 12개 장은 세례요한과의 만남으로부터 유월절을 지키기 시작한 그리스를 방문하기까지 예수의 공적 사명을 기술하고 있다. 나머지 장들은 예수가 이 땅에서의 사명을 마치는 마지막 날을 다루는 것으로, 예수가 제자들에게 지시를 하고, 자신의 삶의 의미를 설명해 주고, 죽음이 가까워옴에 일련의 긴 설교를 하는 것으로 구성되어 있다. 이 두 장은 공관복음서의 저자들과 같은 방식을 따르고 있다. 그러나 두 부분의 내용은 앞서의 설명들과 크게 다르다. 요한에 의하면 예수의 공적 사명은 자신이 기술했듯이 일련의 기적들과 관련하여 요약될 수 있으며, 그 다음은 그 기적들의 정신적인 의미가 이어진다.

요한은 공관복음서에 나오는 것보다 상대적으로 적은 일곱 개의 기적만 기록하고 있다. 요한이 기적 이야기를 이용하는 방식은 이전 사람들과는 다르다. 요한은 그 이야기들의 기적적인 요소들 자체를 그리 의미 있게 보지 않은 반면, 그 안에 내포된 정신적인 의미에 무게를 두었다. 그 기적들을 공관복음에서 보듯 하나님의 왕국이 가까웠다는 증거로서가 아니라 사람을 변화시킬 수 있는 하나님의 권능인 말씀의 존재로 본 것이다.

요한에 기록된 일곱 개의 이야기들은 다음과 같다. 첫째, 가나의 혼인잔치에서 물을 포도주로 바꾼 것. 둘째, 죽음 직전에 있던 귀족의 아들을 고침. 셋째, 양문 풀에서의 한 남자의 고침. 넷째, 물 위를 걸으심. 다섯째, 5천 명을 먹임. 여섯째, 장님으로 태어난 남자를 고침. 일곱째, 나자로를 일으킴. 각각의 이야기는 예수와 그의 말씀이 사람의 삶의 질에 관련되어 어떤 의미를 가지는지 설명하기 위한 서문으로 사용되었다. 기적 이야기들은 비유적이고, 많은 경우 그 안에 나오는 소재들을 우화적으로 사용했기 때문에 이처럼 정신적 교훈을 가르치는 목적으로 사용하는 것이 가능했다. 물을 포도주로 바꾸는 예수 이야기는 낡은 섭리와 새로운 섭리의 대립을 의미하는 것으로 해석된다. 물은 청결함을 상징하며 또 사람의 삶이 예수의 정신으로 충만해지면 나타나는 변화를 상징한다. 이는 유대교 사원에서 거행되는 의식이나 형식과는 날카롭게 대비되는 것이다. 이 이야기의 의미는 이어지는 기술에서 더욱 강조된다. 그 중 하나는 예수가 사원에서 장사꾼들을 쫓아내는 장면이다. 공관복음에서는 그 사건이 예수의 공적 사역 마지막 부분에 자리하고 있으나 요한은 이를 앞부분에 넣었는데, 그는 이 사건을 예수의 전체 지상 생애의 목표를 대표하는 것으로 본다. 그는 다음과 같은 예수의 말을 인용하고 있다. "이 사원을 허물라. 내가 3일 안에 다시 세우리라." 이것이 요한에게는 예수의 죽음과 부활이 새롭고도 의미 있는 구원의 개념으로 믿게 되는 근거다. 이 점은 사람이 물과 성령으로 거듭나지 못한다면 결코 하늘왕국을 볼 수 없을 것이라는 예수와 니고데모의 대화에서 한층 더 깊이 있게 설명된다. 그리고 사마리아 우물가에서 나눈 여인과 예수의 대화에서 다시 한 번 나타난다. 예수는 적합한 예배의 장소와 태도를 묻는 그녀의 질문에 답하면서 외적인 예배가 하나님에 대한 '영혼과 진심'의 예배보다 중요하지 않다고 말한다.

5천 명을 먹인 이야기는 공관복음에서 따온 것으로 보이는데, 거기에서는 기적을 행한 예수가 메시아의 증거라는 식으로 이야기가 전개된다. 요한은 그 이야기를 통상적으로 기록하고 있지만 그 이야기를 활용하는 방식은 앞서의 저자들과는 판이하게 달랐다. 요한으로서는 물리적인 음식의 양이 그다지 중요한 게 아니었다. 오히려 그 이야기의 중요한 의미는 영적인 음식으로, 그것만이 예수의 진정한 제자다운 삶을 유지시켜 줄 수 있는 것이다. 따라서 기적 이야기 다음으로는 즉시 예수의 말씀이 뒤따른다. "나는 삶의 양식이니라." 기독교 성찬식의 분명한 근거로서 요한은 다음과 같은 예수의 말씀을 인용하고 있다. "누구든지 내 살을 먹고 내 피를 마시는 자는 내 안에 있을 것이며, 나는 그의 안에 거하리라." 사람의 삶에서 정신에 자양분을 주는 것은 로고스, 즉 성령의 내재함이다. 예수가 그랬던 것처럼, 이 영의 도움으로 영생을 얻을 수 있는 생명의 물을 얻게 되는 것이며, 그가 주는 음식은 이 세상에서의 삶의 질을 새롭게 해주는 것이 된다.

예수가 장님으로 태어난 사람을 고칠 때 제자들이 물었다. "랍비여, 이 사람이 눈멀게 태어난 것은 누구의 죄입니까, 이 사람의 죄입니까 아니면 그 부모의 죄입니까?" "이 사람의 죄도 그 부모의 죄도 아니다. 그의 삶에서 하나님의 권능이 나타나도록 하려는 것이다." 오가는 대화에서 요한의 관심사는 신체적 장님을 고치는 광명이 아니라 사람들의 정신적 장님을 고치는 것에 있음을 분명히 보여준다. 이 땅에서 예수와 그의 사명의 목적을 이해하지 못하는 사람들은 정신적 장님인 것이다. 그의 정신에 영향을 받는 자만이 어둠에서 빛으로 나올 수 있다.

마리아와 마사의 남동생 나자로의 부활 이야기에서 이러한 해석의 징후는 절정에 달한다. 나자로는 죽은 지 나흘 만에 예수를 만나 살아난다. 요한으로서는 이러한 사건은 정신적으로 죽은 사람이라도 예수 안에서 발현되는 하나님의 권능을 받아들일 때 나타날 수 있는 가장 적절한 상징이다. 이 이야기가 요한복음에서만 발견되는 것은 역사적으로 실재했던 사건인가 하는 점에 의문을 일으킨다. 공관복음의 저자들이 만약 알고 있었다면 이같이 중요한 사실을 언급하지 않았을 리가 없기 때문이다. 요한이 누가복음에 나오는 부자와 나자로 이야기 뒤에 속편으로 널리 알려진 전설이나 글을 기록했는지 아닌지는 알지 못한다. 어쨌든 이 이야기는 모세와 예언자들을 믿지 않는 자들은 죽은 자가 살아나 그에게 말을 걸더라도 믿지 않을 것이라는 누가에 나오는 이야기와 가깝다. 요한에서는 누군가 죽은 자가 나타나지만 그래도 유대인들은 그가 한 말과 행동을 믿지 못한다. 요한이 이 이야기를 해석하는데 예수의 다음과 같은 말에서 그 의미는 더욱 깊어진다. "나는 부활이요, 생명이니라. 나를 믿는 자는 살 것이요, 죽어도 살 것이며, 살아서 믿는 자는 결코 죽지 않을 것이니라." 나자로는 모든 인류의 전형적인 사례다. 내재적으로 성령이 없이는 모든 인간의 삶은 의미가 없다. 성령이 우리의 삶 속으로 들어오면 우리는 더 이상 정신적으로 죽은 것이 아니며 영원한 생명에 동참하게 되는 것이다.

요한복음의 나머지 부분은 예수의 지상 사명이 끝날 무렵의 사건들을 기록하고 있다. 마가복음과는 달리 여기에는 예수가 마리아로부터 기름부음을 받는 장면이 예수의 예루살렘 개선보다 앞에 나온다. 그리고 예수의 제자들과 유월절 식사는 공관복음서의 내용보다 하루 먼저 나오는 것이라고 한다. 이러한 변화는 예수를 '세상의 죄를 대신할 하나님의 양'으로 보는 요한의 생각과 아주 잘 맞아떨어진다. 왜냐하면 고대 유대에서 유월절에 제물로 쓰이는 양은 하루 전에 잡았기 때문이다. 요한으로서는 예수의 죽음이 고대의 전통과 맞아야 가장 적절하다고 생각했을 것이다.

요한복음에서 가장 강조하는 부분은 예수의 말씀이다.

왜냐하면 요한은 예수 부활 이후에 체험한 것들과 기독교계의 믿음의 관점에서 예수의 생애의 의미를 해석하는 것이었으므로 이러한 말씀은 나중에 일어날 일들을 예언하는 것으로 표현되고 있다. 이러한 기술방식은 오순절 식사 전에 발을 씻어주는 장면에서 실증된다. 종으로서의 역할을 행할 때 예수는 자신을 따르게 될 제자들에게 겸손을 보여주었을 뿐만 아니라 이 봉사에 사용된 물은 앞으로 자신을 따를 진정한 제자들에게 영혼을 씻어내는 데 필수적인 상징물이 된다. 이 상징적인 발씻음의 의미는 예수가 베드로에게 하는 말로 나타난다. "내가 너희를 씻기지 않으면 너와 내가 상관이 없느니라." 그리고 예수가 일단의 제자들에게 "이제 너희는 깨끗하니라. 그러나 너희 모두는 아니라"고 말한 것은 적과 내통하여 예수를 배반한 유다를 두고 하는 말이었다.

어느 대화에서 예수는 자신과 하나님 아버지와의 관계를 포도나무와 가지의 비유를 들어 설명한다. 그는 아들과 아버지는 개별적인 존재이면서도 정신과 목적에서 하나임을 보여준다. 아버지는 아들을 통해서 세상을 구속하지만 이 과업은 아들의 세상에서의 생애가 끝나도 이어지는 것이다. 이와 관련하여 예수는 자기가 아버지께로 가는 것이 보혜사, 즉 하나님의 성령이 믿는 자들의 영혼 속에 거하게 하기 위함이며, 그럼으로써 예수가 그들과 거할 때 행하였던 일을 교회로 말미암아 계속하게 하려는 것이다. 이것이 재림에 관한 요한의 해석이다.

　요한은 적어도 부분적으로는 세 개의 공관복음서에 나오는 계시적인 기대를 대체하고 있다. 요한은 공관복음의 저자들 못지않게 언젠가는 세상에서 악의 세력들이 물러나고 마침내 하나님의 의로운 통치가 이룩될 것이라고 믿었다. 그러나 갑작스러운 파국으로 세상의 나라들이 멸망하고 그때 예수가 다시 오리라는 생각 대신에 요한은 예수의 재림을 언제 어디서든 성령이 사람의 삶 속에 들어오는 때로 보았다. 기독교 교회의 기능은 세상이 하나님의 왕국처럼 변할 때까지 성령이 지시하고 이끄는 대로 따르는 것이다.

　요한이 예수의 것으로 기록하고 있는 길고도 기억할 만한 기도에서 예수의 전 생애의 의미가 잘 요약되어 있다. 우리는 그 기도에서 사용된 언어는 예수의 것이라기보다는 요한의 것임을 확인할 수 있다. 복음서 전반에 나타나는 것과 같은 말투이고, 또 어느 부분에서는 예수가 제3자로 언급되고 있기 때문이다. 그러나 이는 중요한 문제가 아니다. 중요한 것은 그 기도에는 요한이 보기에 예수의 생애와 가르침이 함축적으로 담겨 있다는 점이다. 이것은 예수가 기독교를 위해 한 일이며, 진실로 언젠가는 기독교를 믿게 될 사람들에게 꼭 맞는 개요가 되리라는 것이 요한의 관점이었다. 요한이 이를 쓸 당시의 기독교 사회는 유대뿐만 아니라 로마, 그리고 기독교에 대해 회의적인 사람들로부터 엄청난 반대를 받고 있었다. 그 당

시 이러한 반대는 가혹한 박해로 이어졌고, 일부 기독교도들은 세상 사람들과의 직접적인 접촉을 피하고 싶어 했다. 예수의 하나님에 대한 기도는 이러한 기독교인들에게 하는 말이었다. "나의 기도는 그들을 세상 밖으로 데리고 나가는 것이 아니라, 그들을 악의 세력으로부터 구하는 것입니다."

기도에 이어 요한복음은 예수의 죽음으로 절정에 달하며 십자가에서 예수가 한 마지막 말—"끝났다"—을 기록하고 있다. 이는 두 가지 의미를 가진다. 예수가 이제 곧 죽으리라는 것과 이 화신의 목적이 이제 완성되었다는 것이다. 복음은 예수의 부활 이후에 예루살렘과 갈릴리에서 일어난 사건들을 설명하면서 끝을 맺는다.

　　요한복음의 중요성은 아무리 강조해도 지나치지 않다. 이 글은 기독교 역사를 통해 예수의 생애를 적은 어떤 기록물보다 많이 읽히고 찬양받고 있다. 이 복음서의 진수는 인간과 하나님의 관계를 설정한 것에 있다. 어떻게 영원무궁한 존재인 신과 유한적인 인간이 직접적인 관계를 가질 수 있는가? 다시 말하자면 누군가 중간자가 있어야 하지 않는가 하는 것이었다. 이 질문에 요한은 이렇게 답하고 있다. "말씀이 육신이 되어 우리 가운데 거하시다." 로고스는 하나님이며 나사렛 예수라는 인간에 존재하는 정신이다. 이 하늘의 정신이 예수에게 동기를 심어 모든 인간이 복종하는 유혹을 예수로 하여금 이길 수 있게 하였다. 모든 인간은 자신의 힘만으로는 이 악을 이길 수 없다. 오직 하나님만이 그 일을 할 수 있다.

　　요한복음을 통해서 예수는 인간으로서의 역할을 하는 것으로 비친다. 이는 다른 사람의 모범이 되기에 의미가 있다. 전형적인 사람으로서 예수는 다른 특별한 힘을 가진 자가 아니었으며, 뜻이 하늘과 조화를 이루었을 뿐이다. 그래서 하나님의 아들인 것이다.

　　공관복음에서 예수의 기적은 그를 메시아로 믿는 증거

로 사용되지만 요한은 그 이야기가 역사적 사실과 일치하든 않든 정신적인 의미만을 중시한다. 역사적 또는 과학적 사실과는 상관없이 기독교의 의미를 전해 주고 있다는 것이다.

一以貫之
논술노트

- 신약, 하나님 나라의 선포
- 실전 연습문제

一以貫之는 '논어'에 나오는 말로 '모든 것을 하나의 이치로 꿴다'는 뜻입니다.

논술의 주제와 문제 유형, 제시문들은 참으로 다양하고 가지각색입니다. 그러나 그 모든 것을 하나로 꿸 수 있습니다. '인간사회의 보편적 문제들에 대한 근원적인 물음에 답하는 자기 나름의 견해'라는 것이지요. 논술은 인간이면 누구나 부닥치는 개인적 또는 사회적 문제들에 대한 자기 나름의 고민이자 성찰입니다. 논술은 자기견해, 자기 가치관, 자기 삶에 대한 솔직한 고백입니다.

一以貫之 논술 연구모임은 '자신의 물음'과 '자신의 생각'을 갖고 '자신의 글'을 쓸 수 있도록 도와줍니다.

신약, 하나님 나라의 선포

'인간 예수'

소설 〈다빈치 코드〉는 예수가 막달라 마리아와 결혼해 아이를 낳았고, 지금도 그 자손이 이어져 오고 있다고 주장한다. 게다가 레오나르도 다빈치나 빅토르 위고, 아이작 뉴턴 같은 위인들이 이 비밀을 간직한 '시온수도회'의 회원이었고, 다빈치는 자기 그림 속에 이 비밀을 숨겨놓았다고도 한다. 또 얼마 전에는 〈유다복음〉이 발간되었다. 거기에 보면 예수를 배신한 가롯 유다가 사실은 예수의 부탁을 받아 예수를 고발한 것으로 묘사되어 있다고 한다. 그렇게 해서 예수의 복음사업을 완성하려고 했다는 것이다.

이런 일련의 사실들은 예수의 인성을 부각하려는 음모로 비치고 있다. 이런 판국에 '인간 예수'라는 제목을 단다는 건 솔직히 부담스럽다. 그러나 나는 예수를 인간으로 본다고 해서 예수나 기독교를 모독한다고 생각하지 않는다.

첫째, 예수는 스스로를 '인간의 아들'이라고도 하고, '하나님의 아들'이라고도 했다. 이 말은 누구라도 할 수 있다. 우리 모두는 '인간의 자녀'다. 또 우주만물이 우리를 나고 자라게 한 사실을 근거로 하면, 우리도 '우주만물의 자녀', 곧 '하나님의 자녀'다. 부처도 나면서 '천상천하유아독존(天上天下唯我獨尊)'이라 했다지 않은가. '홀로 고귀함(獨尊)'이나 '홀로인 아들 또는 딸(獨生子)'이나 별 다를 건 없다. 우리 역시 그러하다. 그들의 공로는 우리 모두의 '아버지', 우리 속에 깃든 하나님(부처님)을 선포했다는 데 있다.

둘째, 좀 도발적이지만, 예수를 신으로 여기는 것이 오히려 예수의 삶을 모독하는 것이다. 까놓고 말해서, 예수가 신이라면 그이의 고난과 죽음은 별로 감동적이지 않다. 인간의 몸을 빌렸다고 하지만, 어쨌든 신이 잠시 고초를 겪었다는 얘긴데, 이거야 뭐 그리 어려운 일이 아니잖은가. 신의 시간은 영원하다. 그 영원 속에서 고작 35년의 기간은 숨 한 번 들이쉬는 시간일 뿐일 테고, 십자가상의 고난은 그야말로 눈 깜짝할 찰나에 지나지 않는다. 거꾸로 그이를 인간으로 받아들일 때 그 모든 것이 고스란히 우리에게 전달된다.

셋째, 설사 진짜 신이라 하더라도, 어차피 인간의 몸을 빌려서 오신 분이다. 이것은 참다운 인간의 모습을 신이 몸소 실천해 보인 것이라 해석할 수 있다. 나는 인간을 내던지고 신성(神性)만 챙기는 것은 바람직하다고 보지 않는다. 그렇게 하면 예수의 삶은 인간인 우리가 도저히 흉내 낼 수 없는 것이 되어, 그렇게 살지 못하는 것을 정당화할 위험조차 있다. 오히려 신이 스스로 보여준 가장 인간다운 모습을 만나고 그것을 본받고자 하는 태도가 훨씬 옳지 않은가 한다.

이상을 이유로 나는 '인간' 예수를 만나고자 한다. 이런 접근법은 성경을 대하는 태도에 영향을 미친다. 성경은 여러 사람들이 자기가 겪은 예수를 각자 기록한 것의 모음집이다. 똑같은 사건도 누가 어떤 처지에서 겪었는가에 따라 달리 기록하듯이, 성경 역시 그러하다. 따라서 성경은 곧이곧대로 받아들일 것이 아니라 해석을 요구한다.

성경의 주제는 단 하나, '하나님 나라의 선포'다. 그 나라가 가까이 있다는 것이다. 벌써 2,000년이 지났는데도 아직 오지 않았지 않은가? 이 질문은 예수의 가르침을 오해한 것이다. 그 나라는 예수 이전부터 이미 와 있던 것이었다. 예수의 선포는 이미 와 있는 것을 와 있다고 한 것이다. 이미 와 있는 것을 맞이하기만 하면 된다는 것, 누구나 하나님 나라에 살 수 있다는 것, 이것이 예수 가르침의 핵심이다.

낮은 곳에 임한 예수

학자들은 예수의 일생을 대체로 기원전 6년에서 서기 30년 4월 7일까지로 본다. 그러니까 예수는 약 35년을 살았다. 복음서마다 약간의 차이는 있지만, 대다수 성서학자들은 예수가 본격적인 활동을 시작한 시기를 28년 1월경으로 본다. 한 서른세 살쯤에 활동을 시작해서 서른다섯 살쯤에 돌아가신 것이다.

나는 예수의 탄생과 관련된 얘기를 굳이 다룰 필요는 없다고 본다. 동정녀 마리아가 예수를 잉태했다든지, 베들레헴의 말구유에서 태어났다든지, 양 치던 목자들이 경배했고, 동방박사 세 사람이 황금과 유향과 몰약을 바쳤다든지, 헤롯 왕이 예수 나이 또래의 아이들을 몰살시켰다든지 하는 얘기가 복음서 이곳저곳에 흩어져 있다. 성서학자들은 이 대목을 후대의 복음서 기록자들이 구약의 예언과 일치시키려고 각색한 얘기라고 본다. 다만, 예수가 가장 낮은 자리에서 나신 분이라는 점은 분명해 보인다. 특히 주목할 만한 것은 그가 '말구유', 즉 '말 밥통'에서 났다는 사실이다. 이 대목을 '세상의 양식으로 오신 분'이라 해석한다면 어떨까.

아무튼 예수는 참 평범한 인물이었다. 로마 시대의 역사가 플라비우스 요세푸스에 따르면, 당시 유대에는 예수라는 이름이 헤아릴 수 없이 많았다고 한다. 그리고 영국 BBS에서 컴퓨터 그래픽으로 재구성한 예수의 얼굴은 평범한 팔레스티나 사람의 모습이다. 예수의 직업은 목수였다. 그것도 떠돌이 목수였다. 이처럼 예수는 극히 평범한 이름에 평범한 외모를 가진 평범한 사람이었다.

예수가 살았던 나사렛은 지독히 가난한 곳이었다. 그러다 보니 병자가 참 많았다. 성경에 나오는 '악령에 사로잡힌 자'나 '열병 환자'는 말라리아 환자라고 한다. 이외에도 폐병환자, 나환자, 눈병 앓는 자들이 많았던 것 같다. 이런 처참한 지경에 내몰린 갈릴리 호숫가의 사람들은 당시의 통치자인 로마와 당시 지배계급인 제사장, 바리새인, 사두개인들을 경멸하였다. 열렬한 유대교도인 그들은 예언자들이 말한 메시아, 즉 로마의 학정에서 그들을 구원할 구세주를 학수고대했다. 갈릴리가 열심당이라는 반로마 무장세력의 온상지가 된 것은 어찌 보면 당연하다 하겠다. 당연히 예수도 이런 분위기에 어느 정도는 공감하고 있었을 것이다.

나는 이런 예수의 평범하다 못해 가난하기까지 한 출신이 참 마음에 든다. 그리고 이 점이야말로 예수가 다른 성현들과 확실히 구별되는 점이다. 비교하자면, 부처의 경우다. 우리는 그에게서 너무 고귀해서 도무지 도달할 수 없는 경지, 그래서 무조건 복종해야만 할 것 같은 권위를 느낀다. 그는 왕자였던 것이다. 처음부터 우리와 다른 사람이다. 그래서 우리는 부처에게서 위대한 스승의 가르침을 얻을지언정 사람의 숨결을 느끼지는 못한다. 그를 따랐던 제자들 역시 아주 고귀하고 똑똑한 사람들이었다. 그들에 둘러싸인 부처의 고요한 모습은 정적(靜寂) 자체라고 할 만하다. 그러나 예수는 참말 우리와 비슷한 사람이다. 그의 고뇌, 번민, 고통, 수난, 죽음은 정말 인간적이다. 생생하다. 그러기에 우리는 그에게서 사람의 숨결을 느끼고, 바로 옆에 있는 듯한 벗으로서 그를 만난다. 그의 침묵에서 우리는 박해받는 자의 지독한 무기력함과 동시에 꿈틀대는 반역과 불순의 에너지를 느낄 수 있다. 그리하여 연약하

기 짝이 없는 우리도 그이와 같은 삶을 살 수 있겠다는 생각
을 하게 된다.

심판의 하나님에서 사랑의 하나님으로
– 세례요한과의 만남과 결별

27년 12월, 요단강에 한 특이한 인물이 나타난다. 사람들
은 그를 '세례요한'이라 불렀다. 그는 "이 독사의 족속들아!
닥쳐올 그 징벌을 피하라고 누가 일러주더냐?"라고 하면서 하
나님 나라의 도래가 멀지 않았으니 회개하라고 외쳤다. 사람
들은 그를 그토록 갈망하던 메시아 내지는 예언자로 여겼다.

성서학자들은 세례요한을, 당시 엄격한 수도생활을 하면
서 메시아, 즉 로마의 학정에서 이스라엘을 구원할 자의 출현
을 학수고대하던 에세네파의 지도자로 여긴다. 그들은 황량한
유대 광야에서 생활했다. 당시 유대 광야는 반로마 저항운동
의 피난처이자 혁명가들의 요새로 쓰였다. 따라서 에세네파와
반로마운동은 상당한 연관을 가졌을 것이고, 당연히 많은 사
람들이 주목하는 곳이었다. 이런 곳에서 지배층을 향하여 맹
렬한 비난을 가하는 자가 나타났으니 기대가 오죽했겠는가.

28년 1월, 세례자 요한에게 예수가 세례를 받는다. 이것
은 예수가 세례요한의 가르침을 받아들이고자 한 것으로 해석
할 수 있다. 그는 가족과 직업을 팽개치고 그를 스승으로 받아

들였다. 이렇게 세례를 받은 예수는 에세네파의 규율에 따라
유대 광야로 금식기도를 하러 간다. 그곳에서 40일간 고행한
후, 유혹하는 악마와 싸우는 장면은 아주 유명하다. 세 가지
유혹을 받았다. 그것은, '돌로 빵을 만들라', '절벽에서 뛰어내
려라', 그리고 '나에게 경배하면 온 천하를 주겠다'는 것이었다.
간단히 줄이면, 빵의 유혹, 기적의 유혹이랄 수 있다.

　　나는 이때 출현한 악마를 내면의 악마라고 본다. 예수가
심각한 내적 갈등을 겪었다는 것이다. 이 갈등은 세례요한을
떠나게 된 것과 긴밀한 연관이 있다. 그가 처음 세례요한을 찾
았을 때, 그는 분명히 로마의 통치에서 해방시켜줄 하나님을
기대했을 것이다. 이 세례요한의 하나님은 '심판의 하나님'이
다. 이 땅의 불의를 심판하고 정의를 세울 해방자 하나님. 가
난과 질병에서 벗어날 길을 제시하는 하나님, 그가 보낸 메시
아. 그런데 예수는 금식기도를 하면서 새로운 하나님을 발견
한 듯하다. 그 하나님은 '사랑의 하나님'이다. 그러나 현실은
이런 사랑을 실현할 길이 막막해 보인다. 이런 막막한 현실 속
에서 어떻게 하나님의 사랑을 인간이 구현할 수 있을까, 심히
답답하다. 이때 내면의 악마가 유혹한다. 사람들에게 빵을 주
어라, 기적을 베풀어서 저들의 병을 치료해 줘라, 그러면 그들
이 다 너를 추종할 것이다, 그렇게 세상을 얻어야 로마와 투쟁
할 수 있을 것 아니냐, 라고. 따라서 악마의 출현은 하나님을
어떻게 볼 것인가를 둘러싼 내면의 투쟁이다.

　　예수는 이것을 단호히 물리친다. 내가 믿는 하나님은 그런 하나님이 아니다, 빵이나 기적으로 사람을 유혹하여 그들의 지지를 얻기는 매우 쉽다, 그러나 그것은 그들 스스로 내면의 하나님, 즉 내면의 사랑을 발견하여 그들 스스로 사랑의 나라를 세우는 것이 아니지 않은가, 이것이 예수의 생각이었다고 나는 믿는다.* 이렇게 예수는 세례요한의 현실노선과 결별한다. 이 예수의 노선은 비참한 삶을 살던 인민들에게서 지지를 기대하기 힘든 이상적인 노선이기도 하다.

　　이제 예수는 독자적인 활동에 나선다. 제자들을 모으고, "회개하라, 천국이 가까웠느니라"고 외친다. 이 외침은 세례요한의 그것과 똑같지만, 실제 내용은 정반대다. 세례요한의 천국이 로마에서 해방되는 것이라면, 예수의 그것은 일상의 삶을 천국의 삶이 되게끔 하는 것이라 할 수 있다. 물론 이것이 로마에서의 해방을 배제하는 것이라고 보지는 않는다. 그러나 어디까지나 중요한 것은 증오와 투쟁이 아니라 사랑과 화해라는 게 예수가 생각한 하나님 나라였다.

　　이런 예수의 행동은 사람들의 주목을 끈다. 그도 그럴 것이 세례요한이 이미 예수를 자기보다 높은 자라고 말했으니까.

---

* 이것은 도스토예프스키의 〈카라마조프 가의 형제들〉의 '대심문관'편에 나오는 해석과 일치한다. 예수는 유대인들이 스스로의 의지로 믿음과 사랑의 나라를 세우길 바랐다고 할 수 있다. 진정한 신앙도 이런 것이다. 물질적 풍요나 기적을 바라서 믿는 것이라면, 그것은 참신앙이라고 볼 수 없다.

그러던 차에 세례요한이 헤롯 왕에게 체포된다. 이제 인민들의 관심은 당연히 예수에게 쏠린다. 게다가 예수는 가난하고 병든 사람들과 아주 잘 어울렸다. 병자들을 치유하고, 그들과 어울려 먹고 마셨다는 구절이 4복음서에 부지기수로 나온다. 이것이 지배층에게 꽤 큰 위협이 되었으리라는 건 충분히 짐작할 수 있다. 당연히 그들은 예수가 죄인들과 어울리고, 안식일을 어기고 하는 걸로 시비를 건다. 이후 결정적인 순간에 예수를 제거할 거리를 확보해 두려는 수작이었다.

기적

병자를 치유했다는 말이 나와서 말인데, 성경에 나오는 수많은 기적을 나는 액면 그대로 믿지 않는다. 아니, 그 기적을 곧이곧대로 믿게 하는 것 또는 믿는 것이야말로 예수를 모독하는 것이라고 생각한다. 인간으로 오신 분이 기적을 베푼다는 것 자체가 모순일 뿐더러, 무엇보다 예수는 광야에서 기적의 유혹을 물리친 분이다. 그런 예수가 기적을 베풀어서 사람을 유혹한다는 게 말이 되질 않는다. 어디까지나 예수는 인간 스스로의 믿음에 모든 생을 거신 분이다. 그래서 예수는 병을 치료할 때, 내가 너를 고쳐준다고 하지 않았다. 대신 그 분은 늘 "네 믿음이 너를 구원하였다"고 했다. 병의 치료든 가난의 구제든 그것은 스스로의 믿음과 노력으로 이루는 것이지 누가 대신 가져다주는 게 아니라는 것이다.[*] 따라서 치유의 기적은 예수가 늘 병자들과 함께 지내셨다는 뜻으로 이해하는 게 옳을 것이다.

예수의 첫 기적은 '가나 혼인 잔치'에서 물로 포도주를 만든 일이다. 특히 이 대목은 도스토예프스키의 〈카라마조프 가의 형제들〉에서 참 인상 깊게 나온다. 이 기적은 예수가 이 땅에 오신 이유, 즉 이 땅에 '하나님 나라'를 선포하고 건설하려 하신 것을 잘 보여준다. 알다시피 혼인은 인간사에서 아주 기쁜 잔치다. 이런 잔치에 함께 어울리면서 더 많은 포도주를 마시도록 했다는 것은, 예수가 이 땅을 심판하려 했다기보다는 세상의 기쁨에 동참하려 했다는 사실을 뜻하는 것 아닐까?

개인적으로는 예수의 기적 중에서 '물고기 두 마리와 보리떡 다섯 개'의 기적을 가장 좋아한다. 나의 해석은 이렇다. 예수의 설교가 아침을 거쳐 낮으로 이어진다. 제자들이, "사람들이 배고프다고 합니다"고 보고한다. 이때 예수께서 하신 말씀은 단 하나다. "너희 중에 먹을 것 가진 자 없느냐?" 그러자 웬 꼬맹이 하나가 "예수님, 여기요" 하면서 수줍게 도시

---

[*] 이 점에서 나는 기적을 행하여 신도를 끌어 모으는 교회를 전혀 믿지 않는다. 수많은 사람들의 아우성 소리로 병자의 에너지를 극대화하는 치유는 기적이 아닐 뿐더러, 자칫 병자를 완전히 죽이는 짓이 될 수도 있다. 설사 진짜 기적을 행한다 하더라도 그것은 결국 자발적 믿음이 아니라, 기적으로 유혹하는 짓일 뿐이다.

락 하나를 내놓는다. 아마 엄마가 싸준 도시락일 게다. 거기에 든 게 바로 작은 물고기 두 마리와 보리떡 다섯 개였다. 이것이 바로 기적의 시작이다. 내놓음, 비움의 기적이다. 그것을 본 사람들이 각자 자기 것을 내놓았고, 그것으로 수많은 사람들이 배불리 먹을 수 있었다는 것이다.

내가 이 기적을 최고의 기적으로 보는 이유는 간단하다. 진정한 기적은 세상의 이치를 거스르지 않는다는 것이다. 사람들이 스스로 이루는 기적, 이것이야말로 세상과 인간의 가능성을 확인하는 기적 중의 기적이 아닐까?

이처럼 성경에 기록된 기적들은 해석을 요구한다. 어떻게 해석하느냐에 따라 예수가 우리에게 어떤 분인지 달리 다가올 것이다.

가르침 — 산상설교

예수가 대규모 군중 앞에서 첫 설교를 행한 것은 이스라엘이 이집트에서 벗어난 것을 기념하는 유월절을 며칠 앞둔 때였다. 당연히 이때의 공기는 심상치 않았을 것이다. 500년째 남의 통치를 받아온 이스라엘이니까. 그러던 차에 예수가 설교에 나선 거다. 아마 거기 모여든 사람들은 그에게서 메시아를 발견하고 싶었을 것이다. 그런데 예수의 입에서 나온 첫 말씀은 천만 뜻밖이었다.

"마음이 가난한 사람은 행복하다. 하늘나라(the kingdom of heaven)가 그들의 것이다."

이어지는 설교는 듣는 이를 더욱 당황케 한다.

"악한 자를 대적치 말라. 누구든지 네 오른편 뺨을 치거든 왼편도 돌려 대며, 또 너를 송사하여 속옷을 가지고자 하는 자에게 겉옷까지도 가지게 하며, 또 누구든지 너로 억지로 오 리를 가게 하거든 그 사람과 십 리를 동행하고, 네게 구하는 자에게 주며 네게 꾸고자 하는 자에게 거절하지 말라."(마태 5:38~42)

이전까지 사람들은 이런 설교를 들어본 적이 없었다. 지금까지 들어온 것은 정해진 율법을 지키라는 것이고, 그것을 어긴 자에게 가차 없는 보복을 가하라는 것이었다. 더구나 지금 수많은 사람들이 예수에게서 기대한 것은 이런 게 아니었다. 당연히 환멸과 배신감에 치를 떨면서 그 자리를 박차고 나선 사람이 부지기수였으리라.

주변 정황을 보건대 예수는 이미 이런 사태를 예견했을 것이다. 이것이 그의 수난의 시작이 될 것이라는 사실도 잘 알았을 것이다. 당연히 수많은 제자들이 떠나간다. ("이때부터 많은 제자들이 예수를 버리고 물러갔으며 더 이상 따라다니지 않았다."(요한 6:66)) 그들 역시 예수를 메시아로 생각했으니까. 이것은 "우리는 그분이야말로 이스라엘을 구원해 주실 분이라고 희망을 걸고 있었습니다"(누가 24:21)라는 제자의 말에서도 잘 알 수 있다. 그러나 예수는, 이런 바람을 잘 알고 있으면서도 한 번도 자신을 일컬어 메시아라고 한 적이 없다. 이것이 예수를 긴 방랑과 고난, 그리고 죽음으로 몰고 간다.

여기서 우리는 예수의 가르침의 의미를 새겨봐야겠다. 짚어봐야 할 핵심은 '마음이 가난한 자', '천국', '네 이웃을 네 몸과 같이 사랑하라', '원수를 사랑하라'와 같은 말이다.

마태복음에서는 '마음이 가난한 자'라고 되어 있지만, 누가복음에서는 그저 '가난한 자'로만 하고 있다. 이것을 말 그대로 '가난한 자'로 새기더라도 크게 잘못은 아닐 것이다. 예수가 세우려 한 천국, 즉 하나님 나라는 지금껏 세상이 내버린 사람들의 나라라고 할 수 있다. 그러나 이 대목을 반드시 현실에서의 가난, 슬픔으로 해석할 필요는 없다. 대신 '비움'으로 맞이하는 하나님 나라를 선포한 것이라고 보면 어떨까? 내 마음과 우리의 마음에 그득 들어찬 그 무엇을 비움으로써 우주 만물과 이웃을 그 빈자리에 들어차게 하는 것, 이것이 곧 하나님 나라라는 것이다.

실로 우리의 마음은 단 하나의 욕망으로 가득 차 있다. 그 단 하나는 소유욕일 수도, 명예욕, 권세욕일 수도 있다. 이것이 우리로 하여금 세상을 온전히 맞이할 수 없게 하는 것 아닐까? "회개하라, 천국이 가까웠느니라"라는 예수의 외침도 마찬가지 맥락에서 읽는다. '회개'한다 함은 용서를 구한다는 건데, 정녕 용서를 구하려면 자기 주장, 자기 욕심을 버려야 하는 것 아니겠는가? 그럴 때 내가 버리고, 또 나를 버렸던 그 모든 것이 내 빈 마음을 채워주는 것이다.

다시 도스토예프스키의 〈카라마조프 가의 형제들〉의 한 대목이 생각난다. 거기 보면, 조시마 장로라는 인물이 나온다. 그의 형이 젊어서 죽기 직전에 이런 말을 한다. "제가 진심으로 새들에게 용서를 구한다면, 그곳이 곧 낙원이 아닐까요?" 그렇다. 우리는 새를 사랑한다면서 정작 그 새를 소유하려고만 했다. 소유하고 소유당하는 것을 사랑이라고 착각하는 게 우리다. 그런데 그 사랑은 진실로 상대방의 있는 그대로를 맞이하는 것이라기보다는 철저한 자기중심이다. 이것이 결국은 상대방을 왜곡하고, 나아가 자신마저 왜곡하고 마는 것이다. 가령, 내가 닭을 사랑한다고 치자. 왜? '맛있으니까!' 그 사랑을 받는 닭은 어찌 되는가? 죽어야만 사랑을 실현하는 꼴 아닌가. 이처럼 우리의 사랑은 나와 사랑하는 이웃을 짓밟는 것이 될 수도 있다. 이것이 바로 '지옥'이다. 더 이상 관계 맺지 못하고 사랑할 수 없는 상태, 말이다.

이제 천국이 무엇인지 말할 수 있을 것 같다. 이 천국을 많은 사람들이 오해하는 것 같다. 죽어서 가는 곳, 곧 천당인 것처럼 생각한다. 그러나 예수가 말씀하신 천국은 하나님 나라다. 그 하나님 나라는 죽어서 가는 곳이 아니다. 이것은 〈주기도문〉을 보더라도 잘 알 수 있다.

나라에 임하옵시며 뜻이 하늘에서 이루어진 것 같이 땅에서도 이루어지이다.

여기서 예수는 분명히 하늘에서가 아니라 땅에서 이루어지는 하나님의 뜻을 기도했다. 그렇다면 땅에서 이루어지는 천국은 무엇이겠는가? 온 세상이 나와 온전히 관계 맺는 것이다. 어떻게? 바로 비움으로써! 단 하나의 욕망을 비우고, 자기주장만이 옳다는 독선을 비우고, 그 빈 곳에 온 세상이 들어찰 수 있도록 하는 것이다. 그럴 때 "천국이 가까웠다"(The kingdom of heaven is near.)는 예수의 외침을 실현할 수 있다.

그렇다. 천국은 바로 옆에 있다. 그러니 억지로 가기 위해서 발버둥칠 것도 없다. 내가 비우기만 하면, 그것은 내게 주어지는 것이다. 찾아가지 않더라도 세상이, 이웃이 다 내게로 다가온다는 이치다. 이럴 때 비로소 "네 이웃을 네 몸과 같이 사랑하라"는 말을 체험할 수 있다.

네 이웃을 네 몸과 같이 사랑하라는 고마운 말씀을 다소 오해하는 것 같다. 이 말은 네 이웃만을 사랑하라는 말이 아니다. 이건, 한 가지 조건이 결여됐을 때에는 거의 실현 불가능한 가르침이다. 중요한 것은 '네 몸과 같이'다. 그러니까 예수의 가르침은 "네 몸을 사랑하듯이 네 이웃을 사랑하라"는 말이다. 당연히 내가 나 자신을 사랑할 수 있을 때라야 내 이웃도 사랑할 수 있다는 말이 된다. 물론 이것이 딱 순서대로 정해진 건 아니겠지만, 자기를 사랑할 줄 모르는 사람에게서 이웃 사랑을 기대하기는 난망한 일이다. 그것은 아마 위선일 터이다.

그러면 누가 자기를 사랑할 수 있을까? 그 대답이 바로 팔복(八福)에 있다. 자기 삶을 천국의 삶이 되게 하는 사람이다. 그 삶을 늘 기뻐하고 늘 감사하는 사람이다. 이런 사람이라면 굳이 이웃 사랑이라는 것을 의식하지 않더라도 절로 이웃 사랑을 실천하는 삶을 살 것이다. 이처럼 이웃 사랑은 억지로, 위위적으로가 아니라 내게 다가오는 이웃을 자연스럽게 맞이하는 것이라 할 수 있겠다.

이제 "원수를 사랑하라"는 말씀도 이해할 수 있을 듯하다. 이 말을 액면 그대로 받아들이면 사실 어느 누구도 실천하기 힘든 말이 될 것이다. 그러나 앞뒤 정황을 놓고 생각하면 이 말의 의미를 짐작할 수 있다.

무엇보다 원수를 만들지 않는 것이 필요하다. 이것은 나 자신이 스스로 관계의 단절, 즉 지옥을 만드는 일이다. 원수를 만들지 않으려면 무엇보다 세상과 소통할 수 있어야 한다. 그래서 비움을 강조하는 것이다. 그렇게 맞이한 천국에서의 삶을 즐길 수 있다면, 원수가 생기는 것을 막을 수 있다.

그래도 원수가 생기는 이유는 무엇일까? 이것은 비움의

삶이 부족했을 때, 기쁘고 감사한 삶이 꺾였을 때 생기는 일이다. 예수의 대답은 일관되다. "더 비워야 한다!" 자신과 자기 이기심을 더 많이 버리는 것만이 대안이라는 것이다. 그래서 왼편 뺨도 돌려 대고, 십 리를 가고, 겉옷까지 벗어주라고 말씀하신다. 그럴 때 천국의 삶을 다시 회복할 수 있다는 말이다. 이것이 예수가 자신을 배신한 비겁한 제자들의 영원한 스승이 될 수 있었던 비밀이기도 하다.

그러나 그토록 '원수사랑'을 강조한 예수도 분노한 적이 있다. 그는 성전에서 장사하던 사람들을 꾸짖고 그들의 좌판을 뒤엎어 버렸다. 또 끈질기게 예수를 물고 늘어지는 바리새인들에게 결코 천국에 들어가지 못할 것이라 저주를 퍼붓기도 했다. 이건 어떻게 이해해야 할까? 그의 분노는 나와 하나님(우주만물)이 하나 되지 못하게 하는 것에 대한 분노였다. 만물과 모든 이웃을 받아들이기 위해서는 비우지 못하게 하는 것과의 싸움이 필요하다. 이것은 모든 것을 받아들이기 위한 싸움이다. 단 하나의 것만을 옳다 여기게 하는 것과의 투쟁이다. 다석(多夕) 류영모 선생의 위대한 말이 생각난다. "너의 태양을 가려라, 그러면 뭇별이 보일 것이다."

비유 — 하나님 나라의 선포

부처도 그랬지만, 예수는 참 많은 비유를 들려주었다. 예수의 말씀을 듣는 사람들이나 제자들이나 당시 사회의 최하층민인 암 하아레츠(am-ha-arez. ‘땅의 사람들’이라는 뜻)여서이기도 했을 것이다. 못 배운 사람들에게는 어려운 설교보다는 비유가 더 다가가기 쉬울 테니까. 그러나 꼭 이런 이유만은 아니다. 당시 유대교의 가르침을 전복하는 데는 비유만큼 좋은 형식은 없다. 서사 속에 든 은유는 통념을 뒤집는 풍자와 해학을 쉽게 한다. 나아가 비유적 접근은 예수의 가르침을 당대뿐만 아니라 오늘의 현실로 끌어들이는 데도 도움을 준다.

예수의 비유가 갖는 주제를 한 마디로 하라면 ‘하나님 나라의 선포’다. 하나님 나라는 무엇인지, 누가 그 나라를 살 수 있는지, 그 나라는 언제 오는지를 알 수 있도록 해준다는 말이다. 대표적인 비유 두 가지만 들어 보자.

“하늘나라는 마치 밭에 숨겨놓은 보물과 같다. 사람이 그것을 발견하면 제자리에 숨겨두고 기뻐하면서 집에 돌아가서는 가진 것을 다 팔아서 그 밭을 산다. 또 하늘나라는 좋은 진주를 구하는 상인과 같다. 그가 값진 진주 하나를 발견하면 가서 가진 것을 다 팔아서 그것을 산다.”(마태 13:44~46)

이 비유는 짧다. 그러나 아주 큰 것이 들어 있다. 먼저, 주어가 '하늘나라'라는 데 주목하자. 그 하늘나라는 곧 하나님 나라다. 그런데 그 하늘나라가 숨겨놓은 보물, 값진 진주와 같다고 한다. 그리고 그 보물이나 진주를 산다, 즉 가진다고 한다. 누가 그러는가? 그것을 발견한 사람이 그렇게 한다. 그렇다면 간단하게 이렇게 말할 수 있겠다. 하나님 나라는 발견한 사람, 그래서 그것을 산 사람의 나라, 곧 그의 삶이다, 라고.

여기서 중요한 것은 다음의 몇 가지다.

첫째, 하나님 나라는 발견하는 것이다. 그러니까 원래부터 있는 것, 우리에게 주어진 것이라는 말이다. 어디 멀리 있는 게 아니라 아주 가까이 있는 것, 발견하기만 하면 되는 것이다.

둘째, 그것을 발견한 자는 가진 것 모두를 팔아치운다. 이것은 '비움'이다. 그동안 스스로가 가치 있다고 여기던 것, 돈, 명예, 권력, 기타의 가치들, 나를 채우고 있던 것을 기꺼이 포기한다. 그 모든 것을 비움으로써 하나님 나라, 곧 이웃과 우주만물을 채울 공간을 마련한다는 의미다.

셋째, 그는 그동안 그토록 매달렸던 가치 대신 하나님 나라를 자기 가치로, 우리의 가치로 가진다. 나는 이것을, 천국을 내 삶으로 '끌어당긴다'고 말하고 싶다. 마땅히 있어야 할 세상, 마땅히 살아야 할 삶을 현재에 도입한다는 말이다. 이것이 예수의 시간관이다. 지금까지 낡은 틀에 매였던 '과거의 나',

‘과거의 세상’을 벗고 ‘미래의 나’, ‘미래의 세상’을 지금의 삶, 지금의 세상으로 당겨 산다는 것이다.

천국의 삶이 늘 즐겁고 기쁜 것만은 아니다. 보통의 눈으로 보면, 아주 고달플 수도 있다. 왜냐하면 그것은 지금까지와는 전혀 다른 삶이기 때문이다. 지금까지의 나를 죽이고 새로운 삶으로 거듭난 것이다. 무엇보다 그것은 지금까지 살아오던 세상을 부정하는 삶이기도 하다. 본인이 의도하든 않든 그럴 수밖에 없는 것이다. 그래서 예수도 니체도 ‘불’ 이야기를 자주 한다. 사람들이 갇힌 질서, 그 틀, 그 가치, 그 도덕을 불사르는 삶이라는 거다. 결국 천국의 삶은 스스로 불덩이가 되어 온몸으로 세상으로, 낮은 데로 뛰어드는 삶이다.

예수께서 제자들에게 말씀하셨다. “어떤 부자가 있는데, 그는 청지기를 하나 두었다. 이 청지기가 주인의 재산을 낭비한다고 하는 고발이 들어와서, 주인이 그를 불러놓고 말했다. ”자네를 두고 말하는 것이 들리는데 어찌된 일인가? 자네가 맡아보던 청지기 일을 정리하게. 이제부터 자네는 청지기 일을 볼 수 없네.“ 그러자 그 청지기는 속으로 말하였다. ‘주인이 내게서 청지기 직분을 빼앗으려 하니, 어떻게 하면 좋을까? 땅을 파자니 힘이 없고 빌어먹자니 부끄럽구나. 옳지, 좋은 수가 있다. 내가 청지기의 자리에서 떨려날 때에 나를 자기네 집으로 맞이해 줄 사람들을 미리 마련해야겠다.’

그래서 그는 자기 주인에게 빚진 사람들을 하나씩 불러다가, 첫째 사람에게 "당신이 내 주인에게 진 빚이 얼마요?" 하고 물었다. 그 사람이 "기름 백 말이오." 하고 말했다. 청지기가 말하기를 "여기 당신 빚 문서를 가지고 빨리 앉아 오십 말이라 적으시오." 했다. 또 다른 사람에게 "당신은 얼마를 빚졌소?" 묻자, "밀 백 섬이오." 했다. 청지기가 그에게 "자, 이것이 당신의 빚 문서요. 받아서 여든 섬이라고 적으시오." 했다.

주인은 그 불의한 청지기를 칭찬하였다. 그것은 그가 슬기롭게 대처하였기 때문이다. 이 세상의 아들들이 자기네끼리 거래하는 데에는 빛의 아들보다 더 슬기롭다. 그러므로 내가 너희에게 말한다. 불의한 재물로 친구를 사귀어라. 그래서 그 재물이 없어질 때에 그들이 너희를 영원한 처소로 맞아들이게 하여라.(누가 16:1~6)

이 비유는 참 난해하다. 주인의 돈을 마치 제 것처럼 마음 대로 써버린 청지기를 오히려 칭찬하다니. 그러나 이것이 바로 비유의 자유로움이요, 역설이다. 이 비유는 우리가 소유를 어떻게 대해야 하는지를 참 잘 보여준다.

여기서 부자 주인은 하나님이다. 그런데 그의 종인 청지기가 쫓겨날 위기에 처한다. 왜 그런 지경에 처했을까? 그것은 제 것도 아닌 주인의 재산을 낭비한다는 고발이 들어왔기 때문이다. 여기까지에서 우리는 두 가지를 알 수 있다.

첫째, 예수의 소유관이다. 우리가 가진 모든 것은 기본적으로 내 것이 아니라는 거다. 모든 재산은 하나님의 것, 우주만물의 것, 인류의 것이라는 말이다. 비단 재산뿐만이 아니다. 사상, 학문, 예술처럼 모든 가치 있는 것들은 내 것이 아니다. 그것은 하나님의 것, 곧 인류 전체의 것이다. 우리는 다만 그것을 관리할 따름이다. 이 말이 좀 무리하게 들릴지 모르지만, 따지고 보면 분명한 사실이다. 날 때부터 그것들을 지니고 난 사람이 없고, 죽을 때 그것을 가져가는 사람은 없으니까. 그 모든 것은 우주만물과 인간의 상호작용을 통해 만들어진 것이니까.

둘째, 폐단은 <u>그릇된 소유관</u>에서 생긴다. 이것은 관리하라고 맡겨둔 것을 마치 자기 것인 양 소유하려는 발상이다. 더 많은 것을 가지려 하고, 독점하려 든다. 재산뿐만이 아니다. 진리도 마찬가지다. 자기 진리, 자기 종교만이 절대적으로 옳다 여기고, 남의 생각이나 신념, 남의 종교를 함부로 여기는 것 역시 진리를, 종교를, 하나님을 소유하려는 발상이다. '하나님을 소유한다?' 그렇다. 하나님을 자기 소유물처럼 여기고 그 하나님을 자기 입맛에 맞게 해석하고서는 독점권을 주장한다. 다른 이름의 하나님, 즉 알라나 부처, 크리슈나는 우상이라고 내친다. 우주만물이시고 인간이신 하나님의 이름이 각기 다르다고 해서 어찌 자기 이름만이 절대로 옳다고 주장할 수 있을까? 이런 어불성설이 버젓이 통용되는 것도 하나님을 소유하고자 한 데서 비롯된 것이다. 그리하여 못 가진 자, 나와 다른 자를 내치는 지경에 이르렀다.

역사는 이런 독점권자를 용납하지 않는다. 하나님은 바로 이 역사를 통해서 그의 나라를 드러낸다. 개인도 마찬가지다. 권력이든 명예든 부든 근원적으로 자기 것 아닌 것으로 행세하려는 자를 한없이 인정하지는 않는다. 지금 청지기가 바로 이런 지경에 이르렀다. 이때 청지기가 보여준 지혜로운 행동이 바로 이 비유가 가르치는 요점이다.

청지기는 주인에게 빚진 자들의 빚을 마치 자기 채권인 양 탕감해 준다. 그런데도 주인은 꾸짖기는커녕 크게 칭찬한다. 방금 내쫓을 것처럼 했던 청지기인데 말이다. 실로 어처구니없는 설정이다. 그리고 이것이야말로 이 비유의 가장 큰 매력이다.

이 상황을 이해하려면, 다시 우리의 재산이나 다른 어떤 것도 모두 내 것이 아니라는 것, 그것은 잠시 내게 맡겨진 것일 뿐이라는 예수의 소유관을 떠올려야 한다. 그러면, 내 것 아닌 것으로 행세하려던 청지기가 이번에는 거꾸로 내 것 아닌 것을 잘 쓰는 일, 즉 잘 비워내는 일을 했다는 사실을 깨달을 수 있다.

마지막 대목의 말은 얼마나 멋있는가! "불의한 재물로 친구를 사귀어라. 그래서 그 재물이 없어질 때에 그들이 너희를 영원한 처소로 맞아들이게 하여라." 원래 내 것 아닌 재물로 친구를 사귄다는 것은, 좀 염치없긴 해도, 참 매력적이다. 어떻게? 바로 '비움'으로, '나눔'으로써 가능하다. 그렇게 비우고

나누어서 그 재물이 없어질 때, 더 이상 내 소유라 할 만한 것
이 없어질 때, 그럴 때 그 빈 곳을 새로 사귄 친구들이 그득그
득 채울 것이라는 말씀이다. 이것이 바로 "마음이 가난한 자
는 복이 있나니 천국이 저희 것이다"는 말씀의 요체다.

그런데 아무래도 한 대목이 걸린다. 그것은 이 세상의 아
들들이 자기네끼리 거래하는 데에는 빛의 아들보다 더 슬기롭
다는 말이다. 이 말은 '빛의 아들', 즉 하나님을 소유했다고 착
각하는 신앙인들이 '세상의 아들', 즉 비신앙인들보다 슬기롭
지 못하다는 말이다. 세상 사람들보다 더 나눌 줄 모르고, 비
울 줄 모른다는 것이다. 꼭 신앙인의 문제에만 국한시킬 필요
는 없다. 종교든 권력이든 명예든 부든 가릴 것 없이 스스로가
택함을 입었다고 여기는 사람일수록 자신이 혹시 슬기롭지 못
한 거래를 하고 있지는 않은지, 자기 것도 아닌 것을 자기 것
인 양 착각한 채 내쫓길 지경에 처한 건 아닌지 돌아볼 일이다.
그래서 얼른 청지기의 지혜를 본받으려 해야 할 일이다.

이 비유를 개인적인 차원에만 국한시키지 않아야 한다.
가족이든 교회든 절이든 나라든 민족이든 간에, 자기만이 무
언가를 소유할 권리를 가진 양 여기고 그것을 고집한다면 내
침을 당할 위험에 처할 수밖에 없다는 사실을 떠올려야 한다.
그러므로 청지기의 슬기는 내가 소중히 여기는 공동체의 덕목
이 되어야 할 것이다.

이 비유는 예수의 다른 많은 비유나 말씀을 이해하는 데

큰 도움이 된다. 가령 베드로가 예수께 "이웃의 잘못을 얼마나 용서해야 합니까?"라고 물었을 때 얘기한 '간악한 종'의 비유가 그렇다. 어떤 종이, 자기는 주인에게 용서를 얻고서 다른 사람의 작은 잘못은 용서하지 않아 주인에게 처벌을 받았다는 얘기다. 이 비유의 결론으로 예수는 "이웃의 잘못을 일흔 번에 일곱 번씩 용서하라"고 한다. 이것은 '무한용서'라 할 수 있다. 이 무한용서는 어떻게 가능할까? 그 근거는 아주 단순하다. 우리가 '무한채무'를 졌기 때문이다. 이웃과 민족과 인류, 나아가 우주만물에게 무한대로 빚지지 않고서는 도무지 살 수 없는 게 나 자신이다. 우리의 삶 자체가 빚이라 할 수 있다. 따라서 우리는 이 모든 것을 '무한감사'의 마음으로 대해야 할 것이다. 여기서 '무한용서'라는 결론이 나오는 거다.

부자가 하나님 나라 가는 것은 낙타가 바늘귀 통과하기보다 어렵다는 말씀도 같은 맥락에서 이해할 수 있다. 자기 소유를 늘리기 위해 창고를 크게 짓는 자는 결코 천국의 삶, 즉 더불어의 삶을 실현할 수 없다는 말이다. 그래서 장자는 "장천하어천하(藏天下於天下)"라고 한 것이다. 말인즉슨 천하를 천하에 간수한다는 거다. 내 것 아닌 것을 내 것인 양 가지려 하면 이웃과 세상을 잃을 수밖에 없지만, 천하의 것을 천하에 간수하는 자세, 즉 천하와 나누려는 자세를 가지면 천하를 얻을 수 있다는 말이다. 이것이 바로 가장 큰 소유(大所有), 즉 천국의 삶이다.

지금까지 우리는 예수가 비유로 소개한 하나님 나라의 모습을 보았다. 그것은 결코 내세가 아니다. 혹시 죽음 이후에 새로운 세상이 있다 하더라도 그것은 그리 중요하지 않다. 그것은 내가 어찌할 수 있는 세계가 아니니까. 진정 우리에게 중요한 것은 더불어 기쁨을 누릴 수 있는 '지금-여기'의 하나님 나라이다.

그래서 예수의 비유가 중요하다. 그의 비유에서는 항상 세상이, 땅이, 노동이, 고난이, 그리하여 삶이 등장한다. 그곳이 바로 하나님 나라다. 지극히 작은 자가 가장 큰 자가 되는 나라, 그리하여 더 이상 높고 낮음이 없는 세상, 함께 나누고 더불어 즐거운 곳, 모두가 함께 만드는 곳, 우리가 발견하기만 하면 일상에서 언제든지 만날 수 있는 곳, 그곳이 바로 하나님 나라다.

반면 하나님을 만날 수 있을 곳이라고 여겼던 성전은 오히려 그 성전을 부정하는 이야기에서만 나온다. '성전을 부수고 사흘 안에 다시 짓겠다'라든지, '성전에서 위선적인 기도를 바치는 바리새인' 이야기라든지 하는 게 바로 그 예다. 이것이 뜻하는 게 무엇이겠는가? 엄숙하고 고정된 곳, 웃음이 멈춘 곳, 고정불변의 진리가 지배하는 곳, 따라서 무조건 따르기만 해야 하는 곳은 결코 하나님 나라일 수 없다는 말이다. 그래서 예수는 "나더러 주여 주여 하는 자가 하나님 나라에 가는 것이 아니다. 내 아버지 뜻대로 행하는 자라야 갈 수 있다"(마태

7:21)고 말한다. 혹시 주여 주여 외치는 지옥을 매주 찾아다니
지는 않았는지 돌아볼 일이다. 하나님은 내가 그의 뜻대로 행
하는 곳에 계신다. "나는 예배보다는 자비를 원한다"(호세아
6:6)

마치면서 — 주기도문

　　지금까지 우리는 예수의 삶과 가르침을 간략하게 살펴보
았다. 이것이 신약의 전부는 아니겠지만, 신약이 하나님 나라
의 선포(케리그마)를 핵심으로 삼는 만큼 이 정도로도 충분하
다고 본다. 예수의 생애 중 고난과 죽음, 그리고 부활과 승천
부분은 의도적으로 뺐다. 부활과 승천을 말 그대로 믿어야만
한다면, 신약은 기독교인들만의 경전이 되고 말 것이다. 반대
로 부활을, 살았으되 죽은 자들이 진정한 하나님 나라의 건설
자로서 거듭난 것이라고 해석한다면, 그때 비로소 성경은 우
리 모두의 양식이 될 수 있을 것이다.

　　여기서는 마지막으로 하나님 나라를 발견한 자의 일상을
살펴보도록 하자. 그것은 곧 "항상 기뻐하라, 쉬지 말고 기도
하라, 범사에 감사하라"는 말씀의 실천이다. 이것이 예수를 닮
은 자의 삶이다. 천국을 발견한 자의 삶은 이처럼 늘 기쁘고
감사한 삶이다. 내게 주어진 세계가 곧 하나님 나라임을 확인
하면서 사는 삶이라면 이럴 수밖에 없다. 늘 비움으로써 늘 차

는 삶, 하나님 나라를 나의 현실, 우리의 현실로 당겨서 사는 삶이라면 말이다.

그러나 우리는 나약하여 쉽게 넘어지는 존재이기도 하다. 그럴 때 예수는 "쉬지 말고 기도하라"고 말한다. '기도'가 무엇인가? '하나님과의 대화'다. 그 하나님은 내 속에, 우리 속에 계신다. 그러므로 기도란 시끌벅적한 기원이 아니다. 공공연한 회개가 아니다. 신앙심을 드러내는 콘테스트가 아니라는 말이다. 그것은 내면의 하나님과의 만남이다. 그래서 예수는 골방에서 기도하라고 권유한다. 비움의 삶이 좌절할 때마다 다시 하나님을 만나서 반성하고 다시 비움의 삶, 공동체의 삶을 회복한다는 것이다.

이 기도의 모범을 예수가 보여주었다. 그것이 '주기도문'이다.

하늘에 계신 아버지여, 이름이 거룩히 여김을 받으시오며, 나라에 임하옵시며, 뜻이 하늘에서 이룬 것 같이 땅에서도 이루어지이다. 오늘날 우리가 우리에게 죄지은 자를 사한 것 같이 우리 죄를 사하여 주옵시고, 우리를 시험에 들지 말게 하옵시고, 다만 악에서 구하옵소서. 대개 나라와 권세와 영광이 아버지께 영원히 있사옵나이다. 아멘.

이제 우리는 이 기도의 핵심을 제대로 볼 수 있을 듯하다.

그것은 이 땅에 하나님 나라가 임하게 하는 데 내가 할 일을 찾게 해주고, 늘 점검하게 해준다. 나를 통하여 아버지의 뜻이 드러나게 하는 것이다. 내 이웃을 늘 용서함으로써 나도 용서받는 삶이다. 내면의 하나님, 우리 속의 하나님을 발견하여 흔들리지 않는 것이다. 결국 그것은 우주만물 속의 어엿한 일원으로서, 예수의 삶, 하나님의 삶을 죽는 날까지 살겠노라는 다짐이다.

(가)

　　그때에 예수께서 군중과 제자들에게 이렇게 말씀하셨다.

　　"율법학자들과 바리새파 사람들은 모세의 자리를 이어 율법을 가르치고 있다. 그러니 그들이 말하는 것은 다 실행하고 지켜라. 그러나 그들의 행실은 본받지 말아라. 그들은 말만 하고 실행하지는 않는다. 그들은 무거운 짐을 꾸려 남의 어깨에 메워주고 자기들은 손가락 하나 까딱하려 하지 않는다. 그들이 하는 일은 모두 남에게 보이기 위한 것이다. 그래서 이마나 팔에 성구 넣는 갑을 크게 만들어 매달고 다니며 옷단에는 기다란 술을 달고 다닌다. 그리고 잔치에 가면 맨 윗자리에 앉으려 하고 회당에서는 제일 높은 자리를 찾으며 길에 나서면 인사 받기를 좋아하고 사람들이 스승이라 불러주기를 바란다. 그러나 너희는 스승 소리를 듣지 말아라. 너희의 스승은 오직 한 분뿐이고 너희는 모두 형제들이다. 또 이 세상 누구를 보고도 아버지라 부르지 말아라. 너희의 아버지는 하늘에 계신 아버지 한 분뿐이시다. 또 너희는 지도자라는 말도 듣지 말아라. 너희의 지도자는 그리스도 한 분뿐이시다. 너희 중에 으뜸가는 사람은 너희를 섬기는 사람이 되어야 한다. 누구든지 자기를 높이는 사람은 낮아지고 자기를 낮추는 사람은 높아진다."

(중략)

"너희 같은 눈먼 인도자들은 화를 입을 것이다. 너희는 '성전을 두고 한 맹세는 지키지 않아도 무방하지만 성전의 황금을 두고 한 맹세는 꼭 지켜야 한다'고 하니 이 어리석고 눈먼 자들아, 어느 것이 더 중하냐? 황금이냐? 아니면 그 황금을 거룩하게 만드는 성전이냐? 또 너희는 '제단을 두고 한 맹세는 지키지 않아도 무방하지만 그 제단 위에 있는 제물을 두고 한 맹세는 꼭 지켜야 한다'고 하니 이 눈먼 자들아, 어느 것이 더 중하냐? 제물이냐? 아니면 그 제물을 거룩하게 만드는 제단이냐? 사실 제단을 두고 한 맹세는 제단과 그 위에 있는 모든 것을 두고 한 맹세이고 성전을 두고 한 맹세는 성전과 그 안에 계신 분을 두고 한 맹세이며 또 하늘을 두고 한 맹세는 하나님의 옥좌와 그 위에 앉으신 분을 두고 한 맹세이다."

"율법학자들과 바리새파 사람들아, 너희 같은 위선자들은 화를 입을 것이다. 너희는 박하와 회향과 근채에 대해서는 십분의 일을 바치라는 율법을 지키면서 정의와 자비와 신의 같은 아주 중요한 율법은 대수롭지 않게 여긴다. 십분의 일세를 바치는 일도 소홀히 해서는 안 되겠지만 정의와 자비와 신의도 실천해야 하지 않겠느냐?

— 마태복음 23장

(나)

전능하신 분께서 어찌하여 재판날을 밝히시지 않는가?

그와 가까운 자에게 어찌하여 그날을 감추시는가?

악한 자들은 지계표를 멋대로 옮기고

남의 양떼를 몰아다가 제 것인 양 길러도 좋고

고아들의 나귀를 끌어가고

과부의 소를 저당 잡아도 되는가?

가난한 사람들을 길에서 밀쳐 내니

흙에 묻혀 사는 천더기들은 아예 숨어야 하는가?

들나귀처럼 일거리를 찾아 헤매는 저 모양을 보게.

행여나 자식들에게 줄 양식이라도 있을까 하여

광야에서 먹이를 찾아 헤매는 저 모양을 보게.

악당들의 밭에서 무엇을 좀 거두어보고

악인의 포도밭에서 남은 것을 줍는 가련한 신세,

걸칠 옷도 없이 알몸으로 밤을 새우고

덮을 것도 없이 오들오들 떨어야 하는 몸,

산에서 쏟아지는 폭우에 흠뻑 젖었어도

숨을 곳도 없어 바위에나 매달리는 불쌍한 저 모습을 보게.

아비 없는 자식을 젖가슴에서 떼어 내고

빈민의 젖먹이를 저당 잡아도 괜찮은가,

걸칠 옷도 없이 알몸으로 나들이를 해야 하고

빈 창자를 움켜잡고 남의 곡식단을 날라야 하는 신세,
악인들의 농담 사이에서 기름을 짜며
포도 짜는 술틀을 밟으면서 목은 타오르고
죽어가는 자의 신음소리와
얻어맞아 숨넘어갈 듯 외치는 소리가 도시마다
사무치는데
하나님은 그들의 호소를 들은 체도 아니하시네.

—구약 욥기 24장

(다)

"재물을 땅에 쌓아두지 마라. 땅에서는 좀먹거나 녹이 슬어 못쓰게 되며 도둑이 뚫고 들어와 훔쳐간다. 그러므로 재물을 하늘에 쌓아두어라. 거기서는 좀먹거나 녹슬어 못쓰게 되는 일도 없고 도둑이 뚫고 들어와 훔쳐가지도 못한다. 너희의 재물이 있는 곳에 너희의 마음도 있다."

"눈은 몸의 등불이다. 그러므로 네 눈이 성하면 온몸이 밝을 것이며 네 눈이 성하지 못하면 온몸이 어두울 것이다. 그러니 만일 네 마음의 빛이 빛이 아니라 어둠이라면 그 어둠이 얼마나 심하겠느냐?"

"아무도 두 주인을 섬길 수는 없다. 한 편을 미워하고 다른 편을 사랑하거나 한 편을 존중하고 다른 편을 업신여기게 된다. 너희는 하나님과 재물을 아울러 섬길 수 없다."

"그러므로 나는 분명히 말한다. 너희는 무엇을 먹고 마시며 살아갈까, 또 몸에는 무엇을 걸칠까 하고 걱정하지 마라. 목숨이 음식보다 소중하지 않느냐? 또 몸이 옷보다 소중하지 않느냐?

공중의 새들을 보아라. 그것들은 씨를 뿌리거나 거두거나 곳간에 모아들이지 않아도 하늘에 계신 너희의 아버지께서 먹여주신다. 너희는 새보다 훨씬 귀하지 않느냐? 너희 가운데 누가 걱정한다고 목숨을 한 시간인들 더 늘일 수 있겠느냐? 또 너희는 어찌하여 옷 걱정을 하느냐? 들꽃이 어떻게 자라는가 살펴보아라. 그것들은 수고도 하지 않고 길쌈도 하지 않는다. 그리나 온갖 영화를 누린 솔로몬도 이 꽃 한 송이만큼 화려하게 차려 입지 못하였다.

너희는 어찌하여 그렇게도 믿음이 약하냐? 오늘 피었다가 내일 아궁이에 던져질 들꽃도 하나님께서 이처럼 입히시거든 하물며 너희야 얼마나 더 잘 입히시겠느냐? 그러므로 무엇을 먹을까 무엇을 마실까, 또 무엇을 입을까 하고 걱정하지 마라. 이런 것들은 모두 이방인들이 찾는 것이다. 하늘에 계신 아버지께서는 이 모든 것이 너희에게 있어야 할 것을 잘 알고 계신다. 너희는 먼저 하나님의 나라와 하나님께서 의롭게 여기시는 것을 구하여라. 그러면 이 모든 것도 곁들여 받게 될 것이다.

그러므로 내일 일은 걱정하지 마라. 내일 걱정은 내일에 맡겨라. 하루의 괴로움은 그날에 겪는 것만으로 족하다."

—마태복음 6장

(라)

예수께서 무리를 보시고 산에 올라가 앉으시자 제자들이 곁으로 다가왔다. 예수께서는 비로소 입을 열어 이렇게 가르치셨다.

"마음이 가난한 사람은 행복하다. 하늘나라가 그들의 것이다. 슬퍼하는 사람은 행복하다. 그들은 위로를 받을 것이다. 온유한 사람은 행복하다. 그들은 땅을 차지할 것이다. 옳은 일에 주리고 목마른 사람은 행복하다. 그들은 만족할 것이다. 자비를 베푸는 사람은 행복하다. 그들은 자비를 입을 것이다. 마음이 깨끗한 사람은 행복하다. 그들은 하나님을 뵙게 될 것이다. 평화를 위하여 일하는 사람은 행복하다. 그들은 하나님의 아들이 될 것이다. 옳은 일을 하다가 박해를 받는 사람은 행복하다. 하늘나라가 그들의 것이다. 나 때문에 모욕을 당하고 박해를 받으며 터무니없는 말로 갖은 비난을 다 받게 되면 너희는 행복하다.

기뻐하고 즐거워하여라. 너희가 받을 큰 상이 하늘에 마련되어 있다. 옛 예언자들도 너희에 앞서 같은 박해를 받았다."

"너희는 세상의 소금이다. 만일 소금이 짠 맛을 잃으면 무엇으로 다시 짜게 만들겠느냐? 그런 소금은 아무 데에도 쓸

데없어 밖에 내버려져 사람들에게 짓밟힐 따름이다. 너희는 세상의 빛이다. 산 위에 있는 마을은 드러나게 마련이다.

등불을 켜서 됫박으로 덮어두는 사람은 없다. 누구나 등경 위에 얹어둔다. 그래야 집 안에 있는 사람들을 다 밝게 비출 수 있지 않겠느냐?

너희도 이와 같이 너희의 빛을 사람들 앞에 비추어 그들이 너희의 착한 행실을 보고 하늘에 계신 아버지를 찬양하게 하여라."

— 마태복음 5장

〈문제 1〉 제시문 (가)의 '위선자들'과 제시문 (나)의 '악한 자들'이 공유하고 있는 삶의 태도와 가치관을 오늘날 우리 사회의 윤리적 문제와 연관시켜 설명하시오.

〈문제 2〉 제시문 (나)에 나타난 사회문제가 오늘날의 우리 사회에서는 어떤 양상으로 나타나고 있는지 말하시오.

 다음의 주어진 글을 참고하여 제시문 (다)와 (라)에 나타난 삶의 태도가 오늘날 우리 사회의 문제를 해결하는 데 가진 의의와 한계를 말하시오.

(가)

아무리 개인이 도덕적인 삶을 살려고 노력해도 사회제도나 전체적인 사회구조가 비도덕적이고 바람직하지 못한 방향으로 흘러간다면, 그 사회의 미래는 결코 밝지 않을 것이다. 이것이 바로 우리가 개인의 도덕성뿐만 아니라 사회 전체의 도덕성도 요구하는 이유다. 이러한 측면에서 볼 때, 현대 한국사회의 여러 가지 제도와 구조의 운영 속에서 나타나고 있는 각종 부조리와 비도덕성은 현대 한국사회가 안고 있는 중요한 윤리적 문제의 하나라고 말할 수 있다. (고등학교 윤리와 사상)

(나)

경제적 어려움과 가정해체, 이런저런 사연으로 꾸역꾸역 몸 팔아 사는 밑바닥으로 밀려내려 오는 여성들은 법으로 못 막는다. 윤리도덕은 언제나 가장 이상적이고 궁극적인 해결책이고, 법은 가장 효과적인 해결책이지만 이것만으로 해결되는 세상일은 그다지 많지 않다. 자칫하면 백성들을 하늘 가득히 그물을 쳐놓고 풀어준 새 꼴로 만들 수도 있다. (2004. 11. 04 인터넷 한겨레)

〈문제 4〉 제시문 (라)와 아래 글을 참고하여 현대 사회에서 '종교'가 해야
할 바람직한 역할에 대한 자신의 견해를 논술하시오.

우리의 마음을 편안하게 해주는 신과 세계의 화해에 대한 특정한 견해에 도달하는 것만이 정말로 가장 중요한 일일까? 혹, 진정한 탐구자는 자신의 물음이 가져올 결과에 상관없이 질문을 하는 사람이 아닐까? 왜냐하면, 우리가 물음을 던질 때 그것은 휴식과 평화와 행복을 구하기 위해서가 아니라 오직, 진실, 그것이 극도로 추악하고 불쾌할지라도 진실을 원하기 때문이다. 아직 마지막 질문이 하나 더 남아 있다. 만약 우리가 어렸을 때부터 줄곧 모든 구원이 예수가 아닌 다른 사람, 예를 들어 마호메트로부터 나온다고 믿어왔다면, 우리는 똑같은 은총을 경험할 수 없었을까? 은총을 주는 것은 믿음이지, 믿음 뒤에 있는 객관적인 실체가 아니다. … 모든 진실한 믿음은 결코 속이지 않는다. 그것은 믿음을 지닌 자가 믿음 안에서 발견하고자 하는 것을 얻게 해주지. 그러나 진실한 믿음은 객관적 진리를 입증하는 데는 전혀 도움이 되지 않아. 여기에서 인간의 길이 나뉜다. 만일 네가 영혼의 평화와 행복을 원한다면, 믿어라. 하지만 네가 진리의 사도가 되고 싶다면, 질문하라. (니체의 서간문 중에서)

다락원 논술노트 **006**

신약 성서

펴낸이 정효섭
펴낸곳 (주)다락원

초판 1쇄 인쇄 2006년 11월 10일
초판 1쇄 발행 2006년 11월 15일

책임편집 안창열, 김지영
디자인 손혜정, 박은진
번역 이영직
삽화 손창복

다락원 경기도 파주시 교하읍 문발리 509-1
Tel:(02)736-2031 Fax:(02)732-2037
(내용문의: 내선 520/구입문의: 내선 113~114)
출판등록 1977년 9월 16일 제300-1977-23호

Copyright ⓒ 2006, 다락원

값 8,500원

ISBN 89-5995-121-8 43740
      978-89-5995-121-5 43740

패턴 따라 쉽게 쓰는 틴틴 영어일기 1, 2

❶ 일상생활 패턴정복
❷ 학교생활 패턴정복

중학교에 다니는 여학생과 남학생이 각각 일상생활과 학교생활을 중심으로 1년간의 일을 쉽고 재미있게 쓴 영어일기. 중학생이라면 누구나 한번쯤 겪어봤을 만한 일들을 바탕으로 한 다양한 일기 소재와 어휘가 제공되어 있기 때문에, 영어일기를 통해 영작을 연습하려는 학습자에게 큰 도움이 될 수 있는 교재이다. 중·고생뿐만 아니라, 중학 영어를 미리 예습하려는 예비 중학생들에게도 아주 효과적인 영어 학습서로 강추!

□ 정미선 지음 / 4·6배 변형 / 192면
□ 정가 10,000원 (오디오 CD 1개 포함)

Teen Teen Diary (전3권)

❶ **매일 10단어로 뚝딱 중학생 영어일기**

중1 수준의 어휘와 문장으로, 영어일기와 일상회화에 대한 감각을 익힌다.

□ 정미선 지음 / 신국판 / 144면
□ 정가 7,500원 (테이프 1개 포함)

❷ **매일 5문장으로 술술 중학생 영어일기**

중2 수준의 어휘와 문장으로, 영어일기에 친숙해지고 자신감을 쌓는다.

□ 정미선 지음 / 신국판 / 152면
□ 정가 7,500원 (테이프 1개 포함)

❸ **매일 내맘대로 쓱싹 중학생 영어일기**

중3 수준의 어휘와 문장으로, 중학영어를 마스터하고 미국의 일상회화에 익숙해진다.

□ 정미선 지음 / 신국판 / 144면
□ 정가 7,500원 (테이프 1개 포함)

지니의 미국생활 영어일기 Hello! America (전2권)

❶ **가을학기** ❷ **봄학기**

어느 한국 여학생의 미국생활 이야기를 일기 형식으로 담은 책. 1권은 '가을학기', 2권은 '봄학기'편으로, 총 1년간의 미국 학교생활 및 일상생활에 관한 흥미로운 이야기들이 담겨 있다. 미국 학생들의 실생활을 바탕으로 한 탄탄한 스토리로 살아 있는 현지 영어와 미국문화를 체험할 수 있을 뿐만 아니라, 영어 독해 및 영작 연습을 할 수 있는 아주 유용한 교재이다.

□ 이지현 지음 / 국배판 변형 / 152면
□ 정가 8,500원

영어 독해력 증강 프로그램
행복한 명작 읽기

〈행복한 명작 읽기〉는 기초가 약한 영어 초급자나 초, 중, 고 학생들이 보다 즐겁고 효과적으로 명작들을 읽으며 독해력을 키울 수 있도록 개발된 독해력 증강 프로그램입니다.

국판 | **Grade 1, 2, 3** 각권 6,000원(오디오 CD 1개 포함)
Grade 4, 5 각권 7,000원(오디오 CD 1개 포함)
*어린왕자 8,000원(오디오 CD 2개 포함)
**고도를 기다리며 9,000원(오디오 CD 2개 포함)

책의 특징

1 골라 읽는 재미가 있다. 초보자를 위한 350단어 수준에서 중고급자를 위한 1,000단어 수준까지 5단계 구성.
2 단계별로 효과적인 영어 읽기 요령과 영문 고유의 참맛을 느낄 수 있는 장치가 곳곳에.
3 읽기만 해도 영어의 키가 쑥쑥 – 해석을 돕는 돼지꼬리(⌒), 영어표현 및 문법 설명, 퀴즈가 왕창.
4 체계적인 듣기 학습까지. 전문 미국 성우들의 생동감 넘치는 원음을 담은 오디오 CD 제공.

Grade 1 Beginner	**Grade 2** Elementary	**Grade 3** Pre-intermediate	**Grade 4** intermediate	**Grade 5** Upper-intermediate
350words	**450**words	**600**words	**800**words	**1000**words
1 미녀와 야수	11 이솝 이야기	21 톨스토이 단편선	31 오페라 이야기	41 센스 앤 센서빌리티
2 인어공주	12 큰 바위 얼굴	22 크리스마스 캐럴	32 오페라의 유령	42 노인과 바다
3 크리스마스 이야기	13 빨간머리 앤	23 비밀의 화원	33 어린 왕자*	43 위대한 유산
4 성냥팔이 소녀 외	14 플랜더스의 개	24 헬렌 켈러, 나의 이야기	34 돈키호테	44 셜록 홈즈 베스트
5 성경 이야기 1	15 키다리 아저씨	25 베니스의 상인	35 안네의 일기	45 포 단편선
6 신데렐라	16 성경 이야기 2	26 오즈의 마법사	36 고도를 기다리며**	46 드라큘라
7 정글북	17 피터팬	27 이상한 나라의 앨리스	37 투명인간	47 로미오와 줄리엣
8 하이디	18 행복한 왕자 외	28 로빈 후드	38 오 헨리 단편선	48 주홍글씨
9 아라비안 나이트	19 몽테크리스토 백작	29 80일 간의 세계 일주	39 레 미제라블	49 안나 카레니나
10 톰 아저씨의 오두막	20 별	마지막 수업	30 작은 아씨들	40 그리스 로마 신화	50 나에겐 꿈이 있습니다 −명연설문 모음

쉬운 영문을 통해 영어 독해에 대한 막연한 두려움을 없앤다

실력에 맞게 효과적으로 끊어 읽으며 직독직해 훈련을 한다.

영문판 원서 도전을 위한 전 단계의 준비과정이다.

왕초보 기초다지기

실력 굳히기

영어의 맛
제대로 느끼기